JN084324

きっしーの教室

～コロナ禍、1997年にワープする～

岸田 久恵

東京図書出版

きっしーの教室◇目次

顔振峠

吾野駅に降り立った。二三年ぶりになる。駅前の記憶はなかった。目の前の売店に、「登山計画書」を提出するように表示されている。見ると、駅にポストが設置されていた。「登山計画書」を書いたことはない。求められると急に緊張感が湧いてきた。ひとりで登山、大丈夫か？

不安より好奇心が勝って、私は登山計画書なるものを書き、ポストに投函した。日時、住所、氏名、電話番号、そして、登山計画「吾野駅から顔振峠、そして吾野駅に帰る」。さて、登山計画書はこの後どうなるのだろう。私が計画通り登って降りてきたか確認できなければかえって迷惑ではないのか？　そう考えて、帰りには「無事に戻りました」と書いた用紙をポストに入れることにした。名付けて「登山報告書」だ。

二〇二〇年八月三日、二三年前に遠足で訪れた顔振峠にこれから向かってみる。駅前の矢印に沿って歩き始めたものの、やはり記憶は蘇らない。周囲に迫る山のどれが顔振峠なのか。吾野宿を過ぎ、橋を渡ったところで、スマホで地図を確かめた。よかった。一八〇度反対方向に歩き出すところだった。遠足時のコースは全く覚えがない、やっぱり。

ようやく登山道らしきコースに入った。初めは細い川沿いのコンクリートの道である。けっこうな坂であり、水の流れも速い。手を浸したら気持ちがいいだろうなあ。熱い空気が渦を巻いて体にまとわりつく。しばらく歩いても、ほとんど誰にも会わなかった。八月に歩いて峠を越えようとする人間はいないらしい。汗が滲む。蟬の声が降ってくる。

三〇分ほど登ったところで「関東ふれあいの道」と書かれた遊歩道の表示が現れた。矢印が「顔振峠」を指している。木々の間を縫う山道に入る。ようやく山登りらしくなってきた。長い梅雨が明けたばかりで、石がごろごろする遊歩道には水の流れが残っている。「沢登りみたいだなあ」、靴に水が染みないよう一歩一歩足場を選びながらゆっくり登って行った。

吾野駅から顔振峠までの距離を調べるとおよそ五キロメートルと出てくる。舗装された道路が上まで続き、車でなら一〇分で到達できるようだ。遊歩道に入ったところの案内にはあと四キロメートルほどとあった。しばらくは沢登り状態が続き、ぬかるみに足をとられそうになりながら上へ上へと高度を稼ぐ。木々に囲まれた道は先が見通せず、方角もわからない。途中、舗装道路を跨いでまた山道に入った。一時間半ほど登っただろうか。一気に視界が広がった。

ああ、ここで振り返ればいい。鎌倉時代、源義経、弁慶ら主従は、この景色に魅せられ何度も振り返ったことから「顔振峠」と呼ばれるようになった、これが定説なのだ。知らない人に何度この話をしたかわからない。ただ、諸説あるらしい。山道が険しくて、弁慶が首を振り振り歩いたという説。いや、それはないでしょ。これくらいの山道でばてていたら、弁慶の名が廃る。

義経はいつここを通ったのだろう。奥州に落ちのびた時なのだろうか。関八州を望める地、晴れ渡っていれば富士山も見えるこの景色を、どんな思いで振り返ったのだろうと、二三年前も確かに考えた。鞍馬の山は遥か彼方、富士でさえあんなにかすかな稜線を見せているだけではないか。この峠を越えたらもう、富士は拝めないだろうか。平泉の地まではまだまだ行かねばなるまい。

妄想が膨らむ。いつまでも飽かずに眺めていられる。

そこからはすぐだ。また舗装された道に出て、ようやく峠の標識のある地まで到着した。眺望が大きく開けた道沿いにある「平九郎茶屋」はしっかりと記憶にあった。そこで休憩をとる前に、二三年前の遠足の事件現場に行くことにした。もう一登りした見晴らし台で集合写真を撮ったのだ。しかし、登り口がわかりにくい。小屋のような建物の裏手の、けっこうな斜度の坂を滑る山道を上がったが、頂上の平らな場所は伸び放題の草に阻まれて全く見晴らすことができなかった。こんなところで集合写真が撮れたかな。クラスではなくて班ごとに撮ったのだったか。そうかもしれない。だから——。

早々に茶屋まで下りた。窓辺は座敷の席になっている。靴を脱いで上がり込むと、二度と帰る気になれないかもしれないなあと寛いでしまった。爽やかな風を感じながらじっくりと関八州の山々を眺め続けた。店番のお婆さんはもしかしたら二三年前にもいたのではないか。意識をタイムスリップさせてみる。


新年度二日目に遠足の実地踏査に行く、これ、小学校担任教師の「あるある」だなと思う。

その日、遠足の目的地で、年代様々な男女混合の三、四人のグループとすれ違う。カバンが大き目、トイレと管理事務所とお弁当を食べる広場をぐるぐる、あっ同業者、となる。顔見知りの他校の先生に会うこともある。

新しい学校に異動した年は、この「実踏」が学年の先生とのお近づきの機会になる。空いた電車の中で、満開の桜の下で、ゆったりと話ができる機会というのは、忙しい学校現場ではなかなかとれないのだ。

何十回と「実踏」に行ったが、強烈な記憶につながる一回がある。

それが顔振峠だった。

私はその年、新しい学校に変わった。家から自転車で通える市内の学校で助かった。四年二組の担任を仰せつかり、一組の赤井先生と三組の赤池先生と学年を組むことになった。赤赤コンビは、しかし、それまで学年を組んだことはないと養護教諭の古川先生に後で聞いた。赤井先生は三〇代前半の男の先生で、三年次からこの学年を担任していた。若いけれども教務主任をしている若手のホープだ。赤池先生も男の先生で、五〇代の学年主任。組合では教文部長をしている。古川先生の解説によれば、どちらも学年のリーダーシップをとるタイプだから、同学年にならなかったのではないか。私を心配しての進言だったようだ。

四年生の遠足目的地が顔振峠だった。

今は、春休みといえど四月一日から連日新年度の会議や準備が詰まっているが、その頃は古き良き時代で、今よりはもう少しゆったりと新年度が始まっていた。実踏に行ったのは四月八日だったと記録にある。すでに子どもたちに出会っているが、それはいずれたっぷり紹介するとして、実踏だ。赤井先生、赤池先生と三人で二時間目終了後に学校を出発、ひばりヶ丘駅まで歩き、西武池袋線の下り列車に乗った。飯能駅で西武秩父駅行きに乗り換える。飯能から五駅目が目的の吾野駅だ。飯能を越えたあたりから、線路は、山間を縫い、深い谷を跨ぎ、遠足で訪れるにふさわしい風景が広がってきた。

降り立ったはずの吾野駅の記憶は、最初に言った通り全くない。当時の学級通信には「ちょうど桜も満開、いい天気の中」と書いてあった。「峠の見晴らしは最高」ともある。しかし、今や登った道の記憶もほとんどない。ただ、赤池先生のペースがあまりに速くて赤井先生と必死で付いていったことはよく覚えている。もともと朝から出発できるわけではないので、高学年の遠足実踏はタイムスケジュールがきつい。明るいうちに下山するためには急ぐ必要があるのだろうと、休まず一気に登ったのである。

しかし、一気に登った理由は違った。「平九郎茶屋」のビールだったのだ。

黙ってさっさと先を急いでいた赤池先生が、茶屋の座敷に上がるとビールを三つ注文した。パラパラ漫画のように記憶に残っているこの日の記憶の、一番鮮やかなのがこの時の赤池先生の笑顔だ。遠足の実踏で、山の上でビールを飲んだのは初めてだった。そして、こんなに楽しい実踏も初めてだった。それからの一年間を決めた実質的な学年会は、ビールの勢いも借りて夢いっぱいの展望が開けた印象だった。この学校に異動できてよかったとしみじみ感じた瞬間だった。

私が最初に尋ねたのは、「学級通信を出してもいいですか？」という問いだったが、どんどんやりたいことをやっていいよ、という反応に安心したのをよく覚えている。古川先生が心配したような赤赤コンビの関係にも、全く問題を感じなかった。赤井先生にとっても、不安や懸念が消えた時だったのかもしれない。こんなにわくわくした気持ちで学年のスタートを切れる幸せを、顔振峠でしみじみ味わうことができたのだった。

五月二〇日が遠足の日だったが、その日は雨で延期になった。実際に遠足に行ったのは、一九九七年五月二八日である。実踏もびっくりな展開だったが、遠足はそれをはるかに超えての前代未聞な経験をすることになったのだった。学級通信にその日の報告がある。


「五月二八日、すばらしいお天気のもと、四年生の遠足に行ってきました。吾野駅まで一時間、電車でにぎやかに。でも、歩き始めると、班ごとにスタートする地点までの車道でバテている子もいました。

さて、山道に入る所で休憩、チェックポイントに立つ実行委員は、先生方と先にスタートしました。スタート地点では、チェックポイントカードを配り、出発順を決めるくじを引いてもらいました。そして、二分ごとにスタート。途中、校長先生の前で歌って踊り、古川先生をほめたたえ、赤井先生におやつをあげる約束をして問題をもらい、頂上間近で赤池先生に答えを言ってジャンケン隊に勝ったところでお弁当。一人の脱落者もなく、山々を見ながら食べました。

ここまでは、百点満点の遠足でしたね。クラスで写真を撮り、トイレを済ませて茶店の前に集合、と言って下ろしたのですが、なんと、その五分くらいの距離を下りる間に、地図にも載っていない横道に入ってしまった子がいて、茶店の前の駐車場に集合した時には、一〜三組あわせて一二人の子がいないことが判明したのです。先生方はみんな青くなりました。とりあえず赤井先生、古川先生と私とで残りの子を予定の下山コースで下ろし、赤池先生と校長先生が捜すことになりました。

後で一二人の子に聞いたところでは、途中、茶店の前に出ないことに疑問を持ったものの、一気に、登ってきた道を下りてしまい、行きに班でスタートした地点まで来て、後ろからみんなが来るのを待っていたとのことでした。

赤池先生の捜した道にはいなくて、駅がほど近くなった所で、前から校長先生が手で丸を作って合図をしながら知らせてくれたので、見つかったことがわかり安心しました。校長先生は、途中、すれ違った学校の人に、登山道で小学生と会ったと聞いて、急いで追いかけ、スタート地点にいた一二人を無事保護、駅まで引率していたのでした。ああ、よかった。

予定通りの電車でそろって帰ることができました」

以上が、「思い出に残る遠足」と緩い表題をつけて学級通信に載せた報告文である。事件を追った解説付きの手書きの地図も描いてある。そう、帰りにはぐれた子どもがいたというとんでもない遠足だったのだ。とはいえ、改めて振り返ると、実行委員会を組織して班ごとにチェックポイントで課題をクリアする活動を登山でも取り入れている、その班は三クラスを解体してメンバーを組んでいるという意欲的なとりくみをしていたことがわかる。迷子メンバーが三クラスにわたっていたのはそのためで、一クラスだけでなかったことがどんなに気が楽だったか。さて、私の学級通信にはコラムがあって、そこにはいつも、個人的なつぶやきがしたためてある。この日はさすがに話題が遠足から離れることはなかったが、本音がこぼれている。

コーヒーブレイク「こんなことって、二〇年やってても初めて。そう、遠足ではぐれるなんてね。先生方もみんな、見つかるまでは、『もう一度上まで行くのかなあ』、『警察に頼むことになるかなあ』、『新聞やテレビに載っちゃう』なんていろいろ考えながら歩いていました。『だいたい、登りがとってもよくてほめ過ぎたんだよなあ』、『とにかく話を聞いてない』いろいろボヤキが出ましたが、子どもも先生も、高い授業料を払っていい勉強をしました。まっ、私は、何とかなるだろうと、割と楽観的だったのですが、どうも、みんながみんな、あまり、事の重大さを感じてないようで……」

『剣の舞』

学人へ
新宿に行くのはちょっとこわい。こんなに新型コロナの感染が拡大している今はね。

二〇二〇年八月のことだ。

でも、この映画は絶対に見に行かなければと思った。学人といっしょに行けたらもっとよかったけれど。

『剣の舞～我が心の旋律』

そう、アラム・ハチャトゥリアンの映画。

新宿武蔵野館には初めて行った。その映画館はビルの中にあった。三階に上がると受付があって、中に小さな劇場が三つある。やはり、メジャーではないと思われる作品が上映されているようだ。どうしてこの映画に目が留まったのか。インターネットの中に七月の最終日から上映という情報があったのだ。きっと学人が知らせてくれたんだね。

ハチャトゥリアン、学人のピアノリサイタルで私は何曲も聴いていたからね。『剣の舞』

は知っていてもハチャトゥリアンのことは知らない人が多いだろうと思う。その点、私は知ってるよと自慢したい。でも、彼について知っていたことはアルメニアにゆかりのある作曲家ということだけかもしれない。

映画は、ハチャトゥリアンが『剣の舞』を創るまでの二週間にスポットを当てている。一九四二年一一月末から一二月、舞台はソビエトのモロトフというところだ。疎開していたキーロフ記念レニングラード国立オペラ・バレエ劇場がバレエ『ガイーヌ』の初演を迎えようとしている。ハチャトゥリアンは作曲家として、連日制作に当たっていた。ヒトラーとスターリン、前線に送られる兵士、雪、食糧不足、文化庁による検閲――。戦時下の厳しい状況下、『剣の舞』は誕生している。当初は存在しなかった最後のバレエダンスは、当局からの要求であり、ハチャトゥリアンは一晩で『剣の舞』を書き上げたという。不本意ながら。

映画には、回想シーンにアルメニアの風景が登場する。はるかな山々と廃墟となった教会に、アルメニアの辿った歴史とハチャトゥリアンの思いが投影されているようだった。

学人、君が自分で作ったリサイタルのチラシは、アルメニアの風景をバックにしていたね。二〇一七年の秋、学人はアルメニアを訪れている。フェイスブックに、ハチャトゥリアンゆかりの地を巡る学人の様子がアップされていた。九月二八日、「アラム・ハチャトゥリアン・ホール」の舞台で演奏の機会があったことを興奮気味に紹介してある。「自分にとって世界で一番憧れのホール」に急遽ゲストとして一分間ほどの演奏をして拍手喝さいを浴びている動画が残っている。

「まさか自分の人生でこのホールで演奏できる日が来るなんて夢にも思いませんでした」

わずか一分の演奏ではあっても、満場の拍手はいつまでも響いていたことだろう。

自分が精神的に弱ったら、教え子のピアノを聴きながら眠る、いつからかこんなことを考えていた。クラスに一人や二人はピアノの上手な子がいるもので、私は無条件に尊敬してしまう。子どものころ、「ピアノがある家イコール金持ち」という単純な図式の生活意識で生きていた。団地の狭い空間にピアノが置いてある。それで金持ちか、と今なら思うが、ピアノを習っているだけでハイソサエティーと思っていた。狭い世界に生きていた私には、雲の上にピアノが弾ける憧れの同級生がいたものだ。

自分が四年生の時、男性の音楽教師がシューベルトの『魔王』を弾きながら歌ってくれたことがある。その時の、魔王が追いかけてくる情景がしばらく頭から離れなかった。それは、その先生がマントを翻して真っ暗闇を、馬を飛ばしている風景となった。いや、馬を飛ばしているのは病気の子どもを抱えて魔王から逃げている父親の方で、魔王が馬に乗っていたかはわからないのだが。なんにしても、音楽に圧倒された初めての経験ではなかったか。

小学校五年生になって、赴任してきた弓川先生は、鼓笛隊を組織してくれた。小太鼓のテストに受からないとメンバーにはなれない。そのテストのリズムは今でも刻める。鼓笛隊に合格し、学芸会では合奏の指揮をさせてもらって、ピアノが弾けないのに音楽の通信簿で五をもらうことができた。昔々の話であるが、階層社会の下にいても努力すれば報われる、小学生の私でも肌でそんなことを感じていた。

大学時代、私は小学校の先生になるための勉強をしていた。

四年生になると、教員養成課程で音楽の単位をとるために、いつの間にかクラスの大半がピアノを習い始めていた。最後には、クラスでピアノを習ったことがない三人の中の一人になってしまっていた。またもやピアノコンプレックスに苛まれる。なんとか、『あわてんぼうのサンタクロース』一曲の伴奏のみで試験を乗り切った。就職して最初の年、その『あわてんぼうのサンタクロース』さえ、テンポが遅くなり、子どもたちの顔を見る余裕もなく、これは音楽教育にマイナスと結論付けた。以後、音楽を教える機会は数えるほどしかなかったが、ＣＤをかけるか、尊敬する教え子のピアノ奏者にゆだねてきた。

学人はもちろん、その一人だ。いや、最高の奏者だった。

学人を担任したのは五年生から。五年生でクラス替えがあり、私は五年一組の担任に、赤池先生が三組の担任で、二組は新しく赴任してきた山藤先生という年配の女性であった。学級通信を見返してみると、やはり学人は音楽係になっている。五月七日の音楽の時間の様子を、音楽専科の小久保先生が投稿してくれていた。映画『魔女の宅急便』から『風の丘』という曲をリコーダーと鍵盤ハーモニカの二重奏で演奏した時、学人と隆介が鍵盤ハーモニカで他の班の練習の応援をしてくれたという記述がある。学人は担任した当初から小柄でまじめで物静かな子という印象があった。

五年生の秋には学芸会があった。『銀杏組ストーリー』という学園ドラマ劇にとりくんでいる。『ウエスト・サイド・ストーリー』のように対立する子ども集団が出てくるお話だ。アウトローな小学生役をやりたい子はいっぱいいるだろう、というのがこの脚本にした理由だったが、学人には、劇中の音楽を担当してもらうことにしたのだった。一一月一七日発行の学級通信のコラム欄に次のような記述が残っていた。


「昨日の教室の会話。

学人『音楽の人は衣装着るの？』

私『この際だからビジュアル系のバンドみたいにしたら？　イザムくらいにキメるとか。

じゃ、最低でもグレイ、最高で聖飢魔Ⅱということで』
今朝の昇降口で。
学人『お母さんが、音楽の人はネズミの役でもやるのって言ってたよ。これでいいかって』
手にしているのはネズミ色のトレーナー。ん？　グレーのトレーナー？」

六年生になる時に学年の児童数が減り二学級となった。またもやクラス替えとなったが、私は六年一組の担任に持ち上がり、二組は赤池先生が持ち上がった。三クラスを二クラスにするには分けきれないメンバーではあったが、いずれその辺は説明しなくてもわかってもらえるかとは思う。学人は六年生でも担任した。途中、引っ越しをしたので転校の話も出たのだが、学人自身が卒業までこの学校にいたいと主張したそうだ。まじめで物静かな子のイメージが少し変わった瞬間だったが、とてもうれしかった。

学人から突然手紙が届いたのは、二〇一一年が明けた頃であった。
「岸田先生、こんにちは。ご無沙汰しています。二小でお世話になった学人です。無事に昨年大学を卒業し、社会人（会社員）になって九ヶ月が経ちました。また、昨年一〇月からは一人暮らしも始めました。さて、約二ヶ月後にピアノの発表会をやります。働きながらなのでろくに練習できていませんが、もし、ご都合よろしければ聴きにいらしてください。チラシを同封致します。無駄に立派なチラシですが、ただの発表会です」

二〇一一年二月二六日、地元のホールでピアノの「ファーストソロリサイタル」を開く案内の手紙だった。ハチャトゥリアンの母国アルメニアに立つ学人の写真とハチャトゥリアン、ショパン、ラフマニノフの肖像写真が載っている、確かに立派なチラシが同封されていた。大人になった学人はしかし、小学校六年生の時の面影をそのまま残していた。その後、何度か開かれたリサイタルのチラシやプログラムにも、アルメニアの写真が登場する。今回の映画でアルメニアの風景が映し出された時、既視感があったのはそのためだろうか。

もちろん、私はすぐに、「必ず行く」と返信した。つながりがあった教え子にも伝えた。うれしかった。誇らしかった。待ち遠しかった。

二月二六日、地元のホールには何人かの教え子やその親の姿もあった。プログラムに記載されていたプロフィールを見て、卒業以来の学人の歴史を知った。まず、「三歳からピアノを始めるが、好きになれず、中学一年でやめてしまう」そうだったの？「高校で何となくオーケストラの部活に入り、クラシックに目覚める。この時、ヴィオラと作曲を始める。高校一年の時、生まれて初めて聴きに行った演奏会は、ハチャトゥリアンのピアノ協奏曲だった」ここでハチャトゥリアンと出会っている。「ピアノを高校三年から再び習い始め、大学三年の時、初めて出たアマチュアピアノコンクールでグランプリ（最優秀賞）を受賞」やっぱり才能があったんだね。学人はその後一年の間にたくさんのコンクールで入賞を果たし、二〇〇九年夏にはモスクワ音楽院短期マスタークラスに招聘されている。学人は、モスクワの帰りにアルメニアを訪れたそうだ。その後も、作曲や編曲、ヴィオラ演奏、ハチャトゥリアンについての卒論、一〇のオーケストラ参加など、学人の経歴は素晴らしいものだった。

学人の演奏は圧巻だった。ハチャトゥリアンの曲は知らないものばかりだったが、その力強いタッチと圧倒的な技術に、彼への畏敬と愛情が込められているようだった。第一回リサイタルでは、ショパンとラフマニノフの曲も演奏してくれた。まじめで物静かな学人に、これほどの情熱とエネルギーがあったことに、およそ一〇年を経て驚かされた。教え子の成長はいつも眩しい。

リサイタル終了後、ロビーに現れた学人と並んで記念撮影をしてもらった。はにかんだ笑顔は、舞台上の偉大な姿とは違って、小学生の時と変わらないものだった。

不登校

二〇二〇年発表の不登校児童生徒の数は、一八万人を超えた。増加の傾向は続いている。どの子も不登校になっておかしくない、学校が変わるべきである、エネルギーが尽きている時には無条件に休む必要がある、不登校であっても自尊感情を高め本人が歩き出すのを応援する、先生や家族はどう接するべきか学び合おう、そんな主張をもって、今は不登校の親の会も開きながらかかわっている。たくさんの不登校の親子から学んで得たものは大きい。

一彰と出会ったのは、まだ、登校拒否という言葉の方が一般的だった二三年前である。異動して四年二組の担任になった時に、一年生の時から不登校の一彰がいることを聞いたのだった。

一年生の時、こわいこわい風間先生が担任だった。みんな怯えていた。その時怒られていたのは秀樹だったが、一彰が裸足のまま教室から家に逃げ帰ってそれから学校に来られなくなったと、誰かから教えられた。なんで裸足？　上履きで逃げたんじゃないの？　なんてところに疑問を持った覚えがある。

風間先生がこわかった話は、教室で子どもたちから、家庭訪問では親から山ほど聞かされた。ちなみに、風間先生とは女の先生で、もう学校にはいない。教育委員会によって数年ごとに近隣の地域を回されているという話も聞いた。そういう先生がいるのだ。

一彰の家庭訪問で、母親から話を聞いた。一、二年の時、厳しい担任の下で決められたスケジュールで行動しなければならないことに反発、登校を渋りだした。自分のやりたいことをしたい、一つのことを集中してやりたいという思いがあった。父親は、三年生になり担任が替わったことに期待した。しかし、二学期から不登校が決定的になり、母親はしばらく父親に告げられなかったという。その後、フリースクールに通い始め、生き生きと登校する姿を見て、父親もようやく納得した。母親も、現在の息子をそのまま受け入れて肯定的にみられるようになったというが、引け目や後ろめたさはまだ感じると語った。

赴任してすぐ、校長と私で一彰の母親と面談を持っていた。私は、その時前任校での不登校の子どもや親とのかかわりなどの話をし、本当は学校が子どもにとって楽しい場所、安心できる居場所でなければならないと話した。その時のことを、母親は、校長先生からも同じようなことを言ってもらい、学校からそういう話が聞けるとは思わなかった、それまではいつも、学校に行かないことを責められているように感じていたと語った。

残念ながら、裸足で逃げた話が事実かどうかは確かめられてはいない。

四年生から卒業までの三年間、私は一彰の担任だったが、教室でいっしょに学ぶことはなかった。記録によると、五月一〇日に初めて出会っている。田無神社で開催された「チビッ子相撲」に一彰は出場していた。私は応援に行っていたのだった。ほかに出場していた子が、一彰を紹介してくれたが、拍子抜けするほど普通に、自己紹介し合ったように思う。

一彰が登校したのは、四年と五年の遠足だけだった。例の遭難事件発生の遠足にもちゃんと参加している。校舎の中での学習は無理だが、校外の学習なら参加できる。迎えるクラスメイトも当の本人も、違和感や緊張感なく楽しそうにしているのだった。そのころ一彰を一番気にしていたのは尚人で、尚人がよくつないでくれていた。五年の時には、社会科の学習で、何人かと運送会社の見学に行ったこともあった。教室で報告のビデオに一彰が映っているのを見て、ほかの子どもたちは驚いていた。

放課後、公園でフリスビーをして遊んだことがあった。一彰も尚人も楽しんでくれた。尚人は学校で何度も「楽しかった」と言いに来て、また遊ぼうと誘うのだった。普段どんなところで遊んでいるのか聞いた時に、ゲームセンターに行くというので、成り行きで同行したこともある。対戦型のゲームをやってみたが、どのボタンがどの攻撃を発しているのかわからないうちに吹っ飛ばされていたし、ゾンビを倒して進むゲームも映画のようには全くいかなかった。初めてのゲームセンター経験は笑われて終わりだったが、いっしょに行った五人の興奮はいつまでも冷めなかった。

六年の頃には、放課後の校庭開放に来て遊んでいたこともある。ある日、友だちに連れられて校舎の中に入り職員室を覗いたこともあった。三年次の担任がとても驚いていたのを覚えている。

卒業式の日のことも忘れられない。式には参加できなかったが、みんなが帰った後、一彰とお母さんが学校に来て、校長室で式を行った。教頭が司会、卒業証書を渡しながら校長の声が詰まり、私もお母さんも涙した感動的な式となった。

「私の手から直接卒業証書を渡すのが夢だった」

と校長が語った。この校長先生は実にいい先生だった。

一彰とは在学中も卒業してからも、会えばフランクにおしゃべりする仲なので、本当に教室にいなかったのかと錯覚を覚えることがしばしばであった。

一彰は、「中学になったら学校に行く」と言っていた通り、中学校には休まず登校していた。中学校はすぐそばにあり、放課後に校庭横の東門でおしゃべりしたり、運動会を覗きに行ったりすることがあり、一彰と顔を合わせることもあった。

彼らを卒業させた後、私は一年生を担任していたのだが、一年生の教室は校庭に面した一階にあるため、卒業生がよく遊びに来ていた。試験期間中に一彰を含めた男女四〜五人が遊びに来たことがあった。まだ一年生が勉強をしている時間である。一年生がなついて、給食もいっしょに食べていくよう誘っている。自分たちの分を分けてあげるなんて泣かせることを言っている。しっかり下校まで付き合っていた。ふと思った。一彰が裸足で逃げだしたのは一年生の教室からではなかったか。小学校時代には入ることがなかった教室で、こんなに楽しそうに過ごしている。もうすっかり過去のことになったのだろうか。

一彰が中学二年生の時のこと。東門でいつものようにおしゃべりをしていた。何の話からそう言ったのか。

「中学校では、小学校の時不登校だったこと言ってないんだ」

それは、中学校には言わないで、という意味だと受け取った。もちろん、小学校から中学校には引き継ぎがあるし、指導要録（写し）という書類も送られるので、中学校がその事実を知らないことはないのだが、まだ乗り越えられてはいないということなのだなと思った。

四月になって、こんな情報が入ってきた。あの風間先生が、また、市内の学校に異動してきたというのだ。偶然にも三年生になったその年、一彰は養護教諭のミツコ先生に不登校だったことを話している。同じクラスだった隆介と聡とともに、一、二年生の時の先生が怖かった話をたっぷり聞いてもらったようだ。ミツコ先生とは組合の執行部で仲良くしているので、一彰が初めて不登校の話をしたと教えてもらった。そこで、その時の担任が今年度、市内の小学校に戻ってきたんだよと話題にしていた。その話をミツコ先生が一彰たちにしたそうである。すると、三人は、風間先生に会って謝ってほしいと言ったそうだ。その発言には正直びっくりしたし、実現するとは思わなかったが、成り行きを見守ることにした。

ミツコ先生は、教え子が会いたいと言っていると、風間先生に声をかけたそうだ。謝ってほしいという話は、きっと出さなかったのではないか。なんと、風間先生が了承したというではないか。

数日後、一彰と隆介と聡は、ミツコ先生とともに、風間先生のいる学校を本当に訪問したそうだ。さっそく、東門の会談場に臨んで三人から話を聞くことにした。

「風間先生に会ったんだって？」

「そうそう、行ってきたんだよお」

三人は競うようにその時の様子を聞かせてくれた。

「最初はよく来たね、みたいなこと言ってたんだけど、俺たちが、一年生の時はこわかったとか、給食を食べるまで残されて嫌だったとか、関係ないのに怒られたとか、いろいろ文句言ったら、『あらそうだったかしら』みたいに言って、忘れてるみたいだったんだよ」

と聡。隆介は、

「だから、謝ってほしいって言ったんだよな」

「へえ、すごいね。面と向かって言ったんだ。それで？」

「そうだったらごめんなさい、みたいにとりあえずは謝ったよな」

と聡が言うと、一彰も、

「謝った。なんか、こんな先生が怖かったんだって、拍子抜けしたっていうか。だって、こんなに小さかったよ」

それは君たちが成長したからだろう。それでも、大きくなった男子中学生が三人、謝ってほしいと要求しに来たのはそれなりに脅威だったのかもしれない。三人は、八年越しの謝罪を獲得したことで溜飲を下げたようだった。後日、ミツコ先生にもその時のことを聞いたが、ちゃんと謝罪を求めたことに感心していた。私は、引率するミツコ先生にも感心してしまったが。

この出来事は、一彰の不登校にひとつの区切りをつけたのではないか。一彰の中学校生活は、それなりに充実しているように見えたし、勉強や部活、学校行事にもよくとりくんでいたと、他の子からも聞いていた。

彼らの卒業式には、休暇を取って中学校に駆けつけている。本来なら来賓として行ってもおかしくないのだが、当時、管理職と対立し、妨害されそうなところをなんとか参加できた。教頭には後に「もぐりこんだ」などと表現されて憤慨したのだが、この頃の職場の状況は改めて報告したい。妨害をはねのけて参加して本当によかったと感じる感動的な卒業式であった。『イマジン』の曲とともに、平和を願う呼びかけがされた式だった。イラク戦争開戦の直後であった。

彼らが中学校を卒業してからは、ほとんど会うことはなかった。私自身、二〇〇四年には次の学校に異動となり、新しい環境がまた凄まじかったこともある。

次にみんなと顔を合わせることになったのは、同窓会だった。二〇一三年三月九日、みんなが二五歳になった年だ。集約した段階で三四人、それ以外にも当日駆けつけてくれた子がいた。一次会から盛り上がった。居酒屋の二階を借り切っての懐かしい時間は、店員さんが撮ってくれた集合写真を見るたびに蘇ってくる。みんな笑顔だ。リラックスしたいい顔が並んでいる。二次会の人数はさらに膨らんだ。二次会には彼らが中学でいっしょになった隣の小学校出身の子も何人か交ざっていたが、なぜか私も中学時代から知っている子がいるのだった。

　同窓会では、思い出話に花が咲いたが、たくさんの子の近況報告を聞くこともできた。介護職に就いている、あるいは目指しているという子が四人いて、私の介護担当を取り合っていた。まだ必要ではないが、将来的にはお願いしたいものだ。もちろん、四人のうち誰にお願いしたいかは心の中で決めさせてもらったが。もう結婚して子どもがいる教え子もいた。小さな子を抱えて顔を見せに来てくれた男子もいた。誠二だ。あいつがお父さんになったかとしみじみ感じる場面だった。誠二については、どこかで武勇伝を語ることになるかもしれない。

　一彰も同窓会に来ていた。すっかり大人の顔つきになった一彰だが、中学時代と同じように思い出話に興じていた。一彰と会って話していると、小学校時代には教室にいなかったということを忘れそうになる。

　そして、近況を聞くことができた。彼は、整体師になっていた。

　同窓会で大人になったみんなと改めてつながった。一彰とはフェイスブックで交流が始まることになる。

それから三年後、二〇一六年に、一彰は立川で整体院を始めた。八月にフェイスブックでこんなメッセージのやり取りをしている。

一彰「おはようございます。お久しぶりです！　書き込みありがとうございました！　先生の活躍はフェイスブックを通して、拝見しております！　肩こり大丈夫ですか？　実は今、僕の整体院でプチモニターを募集しています。よかったらいかがですか」

私「わあ、魅力的ですね。立川に行くことがあったら寄ってみたいと思います」

そのモニターが、九月二三日に実現する。立川駅で待ち合わせて、モノレールに沿って北に向かう。二〇分ほど歩いたアパートの一室が、一彰の店舗だった。姿勢を見たり、両手の可動域を調べたりしてから、マッサージをしてもらった。モニターとして、サイトに書き込みをしたり、ホームページに感想を寄せたりして、少しは応援できたかな。

それからは、フェイスブックでお互いの活動を見て交流していた。そして、二〇二〇年、一彰は、ひとり治療院の「業務効率」と「集客」をサポートする「治療家の黒子」というオンラインサロンを立ち上げた。ひとりで整体院を運営した経験から、同じように仕事をする治療家を助けているようだ。私もサポート内容を目にしているが、仕事上の提案に留まらず、一彰のポリシーや考え方が現れている前向きで真摯な内容となっている。

そんな折、一〇月の初めに、一彰から、「猫の足あと」の活動について教えてほしい、一度話を聞きに行きたいというメッセージが届いた。なぜかというと、オンラインサロンの収益の一部を寄付することを考えてくれているという。なんとうれしい申し出か。何度かメッセージをやり取りして、一彰が猫の足あとハウスを訪問することになった。

ここで簡単に説明しておくと、猫の足あとというのは、私が代表理事をしている特定非営利活動法人である。二〇一一年に自宅で中学三年生を対象に無料で学習支援をする活動を始めた。教職を定年退職した二〇一六年からは、猫の足あとハウスを建設し、小学生の居場所事業と中学全学年対象の勉強会に活動を拡大するとともに、新たに若者の住居支援も開始した。猫の足あとハウスの二階には、五人の若者が住む部屋を設けている。昨年度からは、借家を第二ハウスとして支援の拡大を果たしたところである。フェイスブックでその活動を知った一彰が、支援を考えてくれているのだ。

一〇月一六日、猫の足あとハウスに一彰がやってきた。今は、治療家としては働いていないこと、「治療家の黒子」が仕事の中心であること、来年には妻と会社を立ち上げるべく準備中であることなど、猫の足あととの話以上に彼の近況を訊ねることとなった。今年三三になる教え子は立派に大人になっていて、違う仕事の話は興味深く、楽しい時間だった。もうずいぶん時間が経ってお開きにしようと思ったところで、子どもの頃の不登校を話題にしてみた。

これまで不登校について実践を語る場面で、一彰の話をすることが何度かあった。不登校の子をもつ保護者は、わが子にどう接していいか悩んでいる。苦しい今をどう乗り切っていくのか、先が見えない苦しさの中にある。そうした保護者にとって、一彰の話は、乗り越えた一つの例としてインパクトのあるものであった。不登校の原因となった当時の担任に会うセンセーショナルな展開、そして今、しっかりと社会人になっている完結した実践記録。そう、私の中では完結していた話となっている。本当にそうなのか？

ところが、そうではなかったようだ。

「中学校は楽しかったけれど、仲が良かったのはY小（隣の小学校）出身が多かった。高校はつまらなかったし、結局、二五歳か二六歳までは精神的にふわふわしてた」

「えっ、そうだったの？」

「なんか、ずっと、人からどう思われているかとか、他人が何を考えているかとかが気になって、気を使ってしまうというか。うまく生きられていないと感じていたんだ」

「繊細だったんだね。もともと、他の子が怒られているのにいたたまれなくて逃げだしたんだったよね。怒られている当人は平気だったりして。鈍感力っていうのがあるのはうらやましいよね。二五、六歳っていうのは何かきっかけがあったの？」

「最終的には、食生活を変えたことで、精神的にも安定したと思う。もともとは、うつ病の研究をしていた精神科の先生が、病気から回復する方法として食生活の改善をすすめたら治療に有効だったという話があって、その先生の本で自分もやってみたらすごく変わったんだ。自分が思った通りにやっていいんだって思えたっていうか。それからは仕事も積極的にできるようになったよ」

同窓会で会ったのは、みんなが二五歳になる年だった。彼が本当の意味で不登校を乗り越えようとしていた時に私は会っていた。何も気が付かなかった。ずっと気を使って、みんなに合わせて、私を安心させるために明るく振る舞っていたのかもしれない。

ああ、ここでまた出会い直すことができるんだ。目の前の一彰を眩しく見ながら、静かな感動に浸っていた。

一一月、猫の足あとに一彰からの寄付が振り込まれていた。私が応援される番になったようだ。

一二月、一彰は妻と会社を立ち上げた。一彰の物語はまだまだ続く。

父の死と息子の交通事故

一九九七年度に異動したばかりで、私は、人生の大きな不幸を経験した。父が亡くなったのは四月一九日のことである。

心臓発作を起こしてから、入院も経験し、腎臓も悪くなって人工透析が始まると、父は精神的にも弱ってしまったらしい。最後は心療内科にもかかっていたという。私は思春期にしっかり親に反抗し、大学に入ったらアパートで独り暮らしを始めている。大学は遠くなかったのに。離れて少しは親のありがたみを感じたものの、自宅を訪れる機会は限られ、父が駅の階段で発作を起こした時も、人工透析が始まった時も、母からの報告を聞いて知ったけれども、弱っている父の姿はあまり印象に残っていない。結婚してからは実家の近くに住んでいたので、週一くらいは顔を出していたのだが。入院した病院の屋上で隠れて煙草を吸ったとか、老人のくせに「老人性湿疹」と医者に言われて怒ったとか、父らしいエピソードもあったのに、深夜、自宅で虚血性心不全の発作を起こしそのまま逝ってしまった。七二歳だった。

まだ一九日目の職場、担任になって二週間目の学級であったのに、父の葬儀には、職場の先生方、そして、言葉を交わしたこともなかった主事さんまでもが参列してくださった。四年二組の学級代表のお母さんも来てくださった。ああ、いい学校に来た。それから七年間、在籍したこの学校で、この思いをずっと持つことができたのは幸せなことだった。職場の仲間も保護者も、得難い人々だった。保育園、小学校と子育てをしながら、市内で組合の役員を、後半は合併した市の書記長を務めながら、思い切り実践をすることもできた。恵まれていた。

話はいったん変わるが、私は娘を出産した育休中から「家族新聞」を出していた。育休に入って、「あれ？　学級通信が出せない」と気づいたのがきっかけで、初任以来学級通信発行が途絶えたことがない、何か新聞を出したい、そうだ家族新聞を出そう、ということに至ったのだった。全国に「家族新聞」を出している方々がいて「家族新聞交流会」なるものがあることも後に知って参加したこともあるのだが、そこで家族の出来事を綴ることになった。ちなみに、我が家の家族新聞「ぐるりんぱ」は一九九一年四月一〇日に第一号を発行し、二〇〇四年五月九日、娘が中学一年生入学、私と夫が強制異動で学校を変わった時まで続いた。最後は一二八号だった。

その家族新聞八〇号に、父の死に際して「おとうさんさようなら」と題した文を載せていた。少し長いが、ここに引用したい。

「なんとなく眠れずにひとり起きていた深夜、もう一九日に変わった午前一時過ぎ、弟からの電話で、父が息をひきとったと知らされた。このところ具合は悪かったものの、前の日曜日にはおだやかな顔を見ていただけに、驚いた。夫を起こして知らせ、タクシーを呼んでもらい、病院へと向かう。霊安室に入ると、顔に白い布をかけられた父と、母、弟、そして、紺のジャンパーを着た見知らぬ男の人（目がジュリーに似ていた）が座っていた。後でわかったが、警察の鑑識の人だった。

その日の父は、午後一一時過ぎ、心臓の発作を起こし、救急車が着いた時には意識がなくなっていたという。心臓の発作は今までも何回かあって、救急車のお世話になったことも初めてではないが、この日は、『もう死ぬから、治夫（弟）に――』などと、苦しい息の中、母に何やら一生懸命話していたという。

病院に運ばれてから救命措置がとられたものの、甲斐なく、病院から母が電話で知らせた弟も駆けつけたが間に合わなかった。鑑識の人に一通り話した後、死亡診断書を書く医師を待つ。しばらくして妹夫婦も到着した。父が加入していた葬祭関係の互助会に連絡し、検死が終了して病院を出たのはもう四時過ぎだった。私が父と一緒に車に乗って実家に戻る。狭い下の部屋に父を寝かせるとその横で互助会の人と打ち合わせとなった。通夜、告別式の日程や場所を決めたり、祭壇や霊柩車、香典返しの品、料理などを決めたりと相談することは山ほどあった。大体のことが決まったのは六時過ぎ。学校のある土曜日だったので、私は家に寄った後学校に向かった。四時間授業を行い、月曜、火曜の自習の用意をしてまた実家に向かった。土曜日はようやく布団で休んだ。

父の葬儀は公団の集会所で行うことになった。通夜となった日曜日は、母や妹の友人も加わって集会所の大掃除をしてくれた。夫は昼にサッカー部の試合があったため、娘と息子を連れて一〇時頃から集会所に参加した。一一時頃からは、実家で『湯灌の儀式』が始まり、母と弟が立ち会った。これは互助会の人も勧めた儀式で、父の体をお湯で洗い、ひげを剃ったり服を着せたりしてくれる儀式だ。風呂釜のような装置が部屋に入れられて、二人の係の人がていねいに父の体を洗ってくれた。お湯をかけたり顔をぬぐったりすることを親族が行い、多くの作業は係の人だけで席を外している間に進められる。大変な仕事だ。でも、終わった時の父を見て、みんなよかったと感じた。オシャレだった父が好きだった薄茶のスーツ、微笑んでいるように見えるおだやかな表情、母も喜んでいた。

午後からは会場づくりが進み、想像以上の立派な祭壇や入口の飾りなど、集会所とはいえなかなかの祭場になったと思う。

大阪から夫の両親も駆けつけてくださり、六時から通夜が始まった。異動したばかりの現任校の先生方や職員の方やクラスのお母さん方も来てくださった。弔問や弔電は形式だと思っていたが、わざわざ来てくれたということがこんなに励まされるとは初めて分かったことだった。胸が熱くなって涙が出た。一時間の通夜の後、親族と父を偲ぶ。八時にはみんなが帰り、母と弟と妹と従弟と私の五人だけになった。集会所に毛布を持ち込みヒーターをつけ、座布団を集めて、父のそばでずっと話し込んだ。父の好きだったベートーベンなどのCDをかけ、父の思い出話や通夜の間の失敗談など、親や兄弟などとこんなにゆっくり話したのは久しぶりだった。従弟の話もおもしろかった。ほとんど寝ずに通夜を過ごした。

明けて二一日、告別式。朝一度家へ帰ってみんなと朝ご飯を食べ、一〇時過ぎにまた実家へ。一二時から告別式が始まった。平日の昼間なのに、弟の会社の人、近所の人、前任校の父母など、またたくさんの人が来てくれた。いよいよ出棺。父に花を添えるとたまらずみんな泣き出した。いよいよ別れである。私は遺影を抱いて火葬場に向かった。棺はあっという間に炎の中へすべり込んでいってしまった。一時間ほどを、お坊さんの話を聞いたり近くの公園で遊んだりして過ごす。

父が骨になって帰ってきた。係の人がひとつひとつ説明しながら骨壺に入れていく。きれいな骨、形が残っている骨と言われたが、本当にそうだと思った。頭蓋には花の色がうつり、うっすらとピンクになっていた。お骨になった父と、また集会所へ帰ってきた。これから初七日の法要と精進落としの会食をする。ああ終わったと少し気持ちが軽くなった気がした。四時ごろにはすべて終わり、親戚の方々を見送り、集会所の片づけをすますと実家に戻ってきた。

次の日まで休暇を取り、弟たちと後片付けのもろもろについて相談したり、整理したりした。父が亡くなる前から、五月には弟のところに同居することが決まっていたので、休日には引っ越しに備えた片付けも進めている。

学校に行くと、クラスの子どもたちが心配してくれていた。周りの人たちがみな、励ましの言葉をかけてくれる。でも、私は、ほとんどいつもと変わらない生活を続けている。それはきっと、私がまだ父の死ときちんと向き合っていないからだと思う。父がいなくなったという現実を考えないようにして生活しているからに違いない。父という存在を相対化して考えたり思い出したりするには、もう少し時間が必要だと思う。」

ところが、父の死後のもろもろが終わっていない四月二七日、今度は息子が交通事故に遭うことになる。息子は三歳半、娘は六歳になる直前のこの日、二人は家の目の前の道路で遊んでいた。私は、リビングの窓を通してその様子を何度か見ていた。そこに車が来て、二人で我が家側に寄って避難したのだが、徐行しながら通り過ぎる車の直前を、何を思ったか息子は、お向かいのアパート入口を目指して飛び出してしまったのである。その予測不能な行動に、車は停止することができなかった。弟の靴がポーンと飛んでいくのを見た、娘の記憶である。

私は、車の急停車の音を聞き外にかけ出て、泣いている息子を抱き上げると、救急車を呼んだ。足首のあたりには擦り傷と打ち身、ふくらはぎはみるみるうちに腫れてきた。息子と私が救急車に乗り込み、夫は警察との対応をした。病院での診断は、骨折しており、全治二ヶ月の診断だった。

家族新聞八一号に、ニュース記事が載っている。

「四月二七日の日曜日、午後五時頃のこと、家の前の道路で息子が車と接触、左足を骨折するという事故が起きてしまいました。車が近づいてきたので、姉と道のこちら側にいたのに、突然向こう側に避難しようと思ったらしく、車の前に飛び出して急ブレーキのタイヤに靴を踏まれるようなかっこうで転倒、大泣きしたのでした。すぐに救急車を呼んで病院へ。レントゲンを撮ったり、傷の手当てをする間も時々泣いていました。夫はその間、警察との対応。運転手は大学生で、なんと夫が初任で赴任していた学校で教えた学年の一つ下の卒業生、気の毒なことをしました。初めは捻挫程度と思われていたのが、実は骨折、ギプスを三週間、全治二ヶ月と診断されてしまいました」

さらに、裏面のコラム欄にも「交通事故」と題した文が載っている。

「三歳児は三歳児なりの理屈と判断をもって行動しているのだ。まっきい（息子）は、ウルトラマンティガに変身するように強いまっきいになり、車と戦うことができると思っているらしい。思いっきり走ればママの自転車より速いと言い放つ。残念ながら車には負けたし、超スピードで車の前を横断できなかったまっきい。『まっきい、車が来たら飛び出したらだめなんだよ。わかった？』とお姉ちゃんにたしなめられて素直にうなずいている。保育園から持って帰った本に交通安全のお話が載っていると、『まっきいみたいだね、この子。飛び出したらいけないんだよねえ。』照れくさそうに言っている。

適度に車を怖がるようにもなったと思う。これが薬になってくれたらせめてものこと。さて、事故を目前にした娘はどんなことを感じたのだろう。最初こそ、『まっきい大丈夫？』と優しかったのだが、この頃はハンデ無視の扱いに見えるのだけれど。」

息子はその後、五月一五日にギプスを一度取り換え、六月五日には外すことができた。

その日のことも家族新聞に綴られている。

「その日、娘と私が付き添って病院へ。まずレントゲンを撮り、その後、診察室に入りました。もう慣れっこのまっきいは、落ち着いて診察台に座りました。ギプスを切るのは二回目なので、こわくないと先生に答えて、おとなしく横になりました。久しぶりに現れた左足は少し細くなったようですが、傷も治り、あかがついているくらいで、右足とあまり変わりませんでした。

病院を自転車で出た後、市役所前で行われた組合の決起集会に行きました。自転車を降りてそっと地面に置くと、まっきいは恐る恐る立ちました。そして、右足に重心を置きながらも、ゆっくり歩きだしました。『ママ、見て見て。まっきい歩いてるよ』左足を引きずるような歩き方ですが、姉にも励まされ、私の周りを回ったり、広場の中をあちこち歩いて、両足で立てる喜びをかみしめているようでした。その日からまっきいは、意欲的に足を使い、歩くだけでなく、階段を上ったり、走ろうとしたりと、自然にリハビリを行い、三週間ほど経った頃には走ることもできて、左足のつき方がだいぶ普通になってきました。」

あっちゃんとおいかけっこ

　これは実践レポートの表題である。四年二組のあっちゃんについて、サークルで提案したものだ。当時、綴ったままに紹介する。あっちゃんと出会ったばかりの頃から二学期までの様子である。

　岩本先生から聞いていた。「いつも立ち歩いていることが多くて、何か手に必ず持っていたずらしている」。わあ、その通りだ。教室にいる時はたいてい立っていて、教師の机に寄ってきて何か言ったりやったりか、黒板に落書きするか、誰かの所に近づいて行っていたずらするか。ぐるぐると衛星のようでもある。給食や掃除の時間や朝自習の時などはすい星になって教室の外へ飛んでいってしまった。休み時間や専科の後などはしばらく帰ってこなかった。初めの日は拾ったヒモを持っていた。次の日は輪ゴムだった。それからは、黒板用の磁石だったり、中庭で拾った枝だったり、ストローだったり、コンパスだったり。

　友だちや教師のそばに来たり、ちょっかいを出したりしてくれるのは、かかわりを持ちたいがかかわり方がわからない、と解釈した。授業中に立ち歩いたり、手いたずらを始めたりするのは、その授業がわからないか、おもしろくないか、必要な道具がない時だ。休み時間の後や掃除中にいないのは、もちろん、となりの三組の浅田君と行動を共にしているからだ。あっちゃんには大切な友だちだ。

給食中にいないのはほとんど給食を食べないからで、偏食もあるが、給食そのものに抵抗があるように思えた。みんなが食べている頃戻ってきて、よそわれた物のほとんどを食缶に戻し、パンを少しかじったり、牛乳のストローで遊んだりして時間を持て余す。

立ち歩いて戻ってきた時には、まずかまってあげることにした。何か話があって来てもなかなか本題が言えない。冗談を言ったり、別の話を聞き出したりしているうちに、最後にぼそっと何かを言うことが多い。表現力も乏しいし、言語不明瞭な部分もあるが、ああそんなこと教えに来てくれたのかとわかるとうれしくなる。「オレを誰だと思ってる」なんてセリフにも軽く乗ってあげる。当然、学級の子どもたちはそんな風にはあしらえないわけで、

「先生、あっちゃんが髪の毛引っぱった」

「先生、あっちゃんが私のノートに落書きする」

「あっちゃんが机に唾を垂らしたあ」

等々、トラブルは尽きない。放っておいてはやられた子の不満はたまるが、あっちゃんを呼んで注意をしようとすればたいてい逃げる。そこで、大したことなさそうだと思われる内容の時には、

「あっちゃん、今、苦情が来ました」

と声をかける。たいがいは、にっと笑っていたずらをやめてその場は収まる。あっちゃんの方に言い分がある場合には、なぜそうしたか話しに来るようになった。そこで被害者と示談に持ち込める。被害者の方がもっとずっと憤慨している事件の場合には、直接対決は難しい。言葉で伝わるように表現できないあっちゃんは、最後は本気でかみつくか髪の毛を引っ張ってしまう。幼児と同じだが、これで泣かされた子も多い。被害者の方にうんと共感的に話をし、あっちゃんには時間が経ってから謝れる時には謝ってもらう。謝ると言っても、あっちゃんのは、手を挙げて「いやあ、すまんすまん」と言うのが精一杯。ここで、ふざけていると怒ってはいけない。逃げる、黙る、関係ないことを言うパターンが多い中、「すまん」を言う機会が増えたことを評価し、「あっちゃんは悪かったって思ってるんだよね」と他の子に通訳していった。

給食は、全部食べさせられた低学年時代、口の中に入れて帰ってきたこともあると母親から聞いて、しばらく勝手にさせておくことにした。必ず、教師の顔色を見ながら給食を

戻しに来る。一度、こんな会話をした。

「あっちゃんは給食を食べないけれど、どうもあやしい。そうだ、人間の食べ物を食べないということは、おぬし、さてはサイボーグだな。いったい燃料は何だ？」

「おっ、どうしてわかったんだあ」

「それにしても、こんな弱いサイボーグじゃあね、きっと失敗作だな」

「なっ、なんだとお！」

男の子たちはどうあっちゃんにかかわったか。あっちゃんは遊びに誘っても来ない。休み時間は浅田君との大切な時間である。木に登ったり、中庭で棒を探したり、水を出したり、土を掘り返したり。雨の日は、職員室や校長室や保健室に乱入。いっしょに遊ぶのは無理のようだが、休み時間が終わったら帰ってきてほしい。初めは、あっちゃんを捜してきてと声をかけた。気のいい男子が数人教室を飛び出していくが、発見すると追いかけるというパターンで、ミイラ取りがミイラ状態。

そこで、追いかけない、つかまえない、いっしょに行こうと声をかけるという作戦に変更。すると、福山君と東野君が「あっちゃん探索隊」を組織して休み時間それとなくあっちゃんを追跡、休み時間が終わったところで「あっちゃん行こう」と声をかけ始めた。いっしょに戻ってくる日もあり、来ない日もありだったが、休み時間のあっちゃんの行動がわかったのは大きな収穫で、それが会話のきっかけにもなった。

福山君、東野君、そして村井君は、成績優秀、でもちょっと堅い我がクラスのリーダーで、理解不能なあっちゃんの言動に少しビビりながらもよく声をかけ面倒を見てくれる。隆介、聡もかかわりが深い。辛抱強く、やさしく付き合ってくれる。こうした子のところには、あっちゃんは安心していたずらをしに行く。あっちゃんのいたずらにかっとくる子もまだいるが、もう二〜三人になった。

あっちゃんの隣になると、鼻クソ、ツバ、落書き、無断借用等々、けっこうな被害に遭う。となりの席になる女子にはけっこう気を使う、私が。でも、結果的に隣の席に座ってくれる子はそれなりの覚悟と使命感をもつ世話好きの子中山さんやサキで、苦情を受け付けてあげてグチを聞いてあげればまた熱心に世話を焼いてくれるのであった。授業に関わっては、アヤカやナナコなどもよく教えてくれている。ほとんどの女子がいいお姉さんなのである。

初めて会った時、あっちゃんのお母さんが想像と違ったのでちょっと驚いた。若くてきれいで明るくて、気さくないいお母さんである。あっちゃんの、発音が正しくないこと、友だちとの行き来がないことを心配していた。

このお母さんは、あっちゃんにキチンと宿題をさせてくれる。あっちゃんが事件を起こした時、例えば中山さんのお皿を割った時とか、三年生にけがをさせた時など、すぐにあっちゃんを連れてお詫びに行ってくれる。私は、あっちゃんの具体的な前進面を語っていった。別に、要求するところはなかったし、あっちゃんの変化はたくさんあった。お母さんがゆとりを持ってあっちゃんに接するのが一番いいと思っている。

あっちゃんに勉強を教えるなら、教頭先生とチームティーチングで授業、これが理想だなあ。あっちゃんはマンツーマンならけっこうやるし、できる。でも、一斉指導では教科書も開かない、ノートも出さない、という場面が多い。鉛筆が噛み跡ありのボロボロだったりして学習用具もそろわない。

小池君にもそれ以上に手がかかるのでとてもマンツーマンはやっていられないが、みんなと同じ学習活動ができるように、そろってない物は出させ、なければ貸して余計な物はしまわせ、言ってもしまわない時には「取り上げる」と脅かして授業を始める。怒らないで「みんなと同じことをやろう」と誘うことにしているが、しばらく様子を見て、何にもしない場合にはちょっと寄って見てあげると、わかれば始められるようになった。授業中座っていなかった一学期がちょっとうそのように一時間ちゃんと座っている。プリントやテストにはとりあえず書き込むようになった。手を挙げることもある。まともに答えないけれど。班ごとの音読発表会で自分の分担をちゃんと読んだ。漢字テストは合格しないけれど、練習してきたときの三〇点は褒めてあげる。

二学期の終わりには、ドリルをどんどんやり出したり、やり方を質問に来たりという驚きの場面もあってうれしかった。

あんまり担任がていねいでないので、他の子がよくあっちゃんを見てくれるようになったことも助かっている。うちのクラスではこれをヘルパーと呼んでいる。

一一月、あっちゃんが朝、三年生とけんかして噛みつくという事件が発生。聞けば、スイミングがいっしょの米田君を、よくバスの中でからかったりいじめたりしていたらしい。米田君はスイミングを辞めていたので、久しぶりに校庭で会ってまたひとこと。今までずっと耐えていたまじめな米田君もついに怒ってけんかとなり、友だちの危機を救いに来た正義感あふれる風間君と今度は取っ組み合い。最後は風間君の手に噛みついてしまう。もう、あっちゃんに情状酌量の余地はない。三年生には申し訳ない限りである。ただ、私は、保健室に入った時に見たあっちゃんの顔が忘れられない。古川先生、松坂先生、中崎先生、三年生といっしょにいたあっちゃんは、私の顔を見るなり「ああ僕の味方が来た」というようなほっとした目をして、すがるような顔をしたのである。三年生には悪いのだけれど、この時私は、あっちゃんとの信頼関係ができたんだなあと感じたのだった。この時のあっちゃんはとってもすなおで正直であっちゃんにしてはちゃんと謝れたと思う。

あっちゃんは一学期に比べたらずいぶん進歩したのだけれど、まだまだ課題は山積み。三年生とのことでわかるように、あっちゃんのいたずらやちょっかいは、あっちゃんをよく知る四年二組の仲間なら軽くいなしてちゃんと導いてくれるのだけれど、やっぱり常識外れなのである。

休み時間、皆が誘ってもあっちゃんは遊びの輪に入ってこない。あっちゃんと浅田君の遊びには、他の子は入りにくい。家に帰ってから友だちと行き来がないのも相変わらず。あっちゃん捜索隊を私がやるべきなのかなと思ったりする。本当はあっちゃんも友だちが欲しいと思うのだが。好きなもの同士の班を作る時も、放っておくと教室の端っこを衛星状態。なので、「あっちゃんは誰と組みたい？」と聞くと「誰でもいい」という返事。誰でもいいと言ってくれるのもうれしいけれど、「〇〇となりたい」と言える相手ができるといいと思う。

学習は、小池君と対決したりして燃えることもあるけれど、「面積やしき」という手作り教材の時には、最初に小池君とあっちゃんが大正解を出したこともあって最後までちゃんと全部やり切ったし、時間が過ぎてもやって見せに来たりした。絶対に合格点をとれそうにない漢字テストや、終わる見通しの立たない計算ドリルや、意味も分からずに書き写すような学習内容に意欲的になれという方が無理なのかもしれない。あっちゃんにもっと個別指導をすることと、あっちゃんにわかる喜びを与えられる授業をすることと、これが私の課題である。

そうそう、給食も、前よりずっと食べるようになって、ちゃんと教室にもいる。「今日は全部食べた」とお母さんに報告したことがあって、お母さんも驚いていた。

これからもあっちゃんの成長をお母さんやクラスのみんなと認めていきたい。あっちゃんを丸ごと受け入れて、いっしょに前進していきたいと思う。

夏、プール、一学期の終わり

四年二組には水泳のスペシャリストが二人いた。一人はアヤカ、シンクロナイズドスイミングをやっていた。六年生の時に、有明のプールで行われた大会に、クラスの子と応援に行ったことがある。まさにオリンピックを目指していた。

アヤカの母の夢は子どもをオリンピック選手にすることだった。アヤカの母は、自分がオリンピックに出たかったらしい。いや、別に何かのスポーツ選手だったわけでもないらしいが。その憧れを、子どもたちに託していた。アヤカは中学までシンクロナイズドスイミングをやって、そこで止めた。オリンピックは叶わなかった。卒業式の入場行進がやけに堂々としていた。プールに飛び込む前のあの歩き方だった。

アヤカには弟がいて、これがなかなかにやんちゃ坊主だったが、小さい時からプールや体操クラブに通い、トランポリンに出会って才能を開花させた。彼は、リオデジャネイロのオリンピックに出場して見事四位に入賞している。お母さんの執念が実ったということか。

話がだいぶ先まで進んだ。小学生時代のアヤカは現役バリバリのマーメイドだった。

もうひとりのスイマーは隆介である。隆介はかなりハードなスイミングスクールに通い、ジュニアオリンピックの候補にもなったとか。学級通信の中に、プールの初日、隆介七五メートル、私五〇メートルの自由形対決をして隆介が勝ったという記述を見つけ、そんな挑戦をしていた過去の自分に笑ってしまったが、隆介の泳ぎは群を抜いていた。

どこの学校にも、「プールの級」なるものが存在する。「水に顔をつけられる」あたりからスタートして、「けのびが四メートルできる」とか、「一五メートル泳げる」など級が上がり、「クロールが五〇メートル泳げる」「クロール一〇〇メートル、平泳ぎ一〇〇メートル泳げる」などと泳法や距離が増えていく。平泳ぎ合格には、もちろんあおり足ではだめである。泳法や距離の最後に、級はタイムによって決められることになる。

蛇足を挟みすぎだと叱られるかもしれないが、級を決めるプール指導が上手な先生とそうでない先生はいるもので、下手をすると百メートルを泳ぐ子ひとりを全員がプールサイドで待つなんていう時間が存在してしまう。その点、私はうまかった。泳ぐ順序はどうするか、どのコースで何級のテストをするか、先生の担当割り振りは、二種目泳ぐ子や次の級に進む子にちゃんと休憩時間を確保する、そういうことを想定して検定計画を立てる。そうすれば、検定の日でも子どもたちが泳ぐ時間をたくさん確保できる。授業でも行事の練習でも、子どもがただ待つ時間が私は嫌いだった。

うちの学校の級は、タイムによる合否の段階で「特一級」「特二級」「特三級」となる。ここからはほぼスイミングスクール出身者の舞台で、確か私は、特一級の平泳ぎは合格したけれどもクロールは不合格だった記憶がある。特三級は、なかなかにハードルが高い。水泳の得意な子が卒業までに合格したいと頑張るくらいの目標に設定されている。どこの学校もそういうものだろう。

ところが、隆介は三年生の夏にもう、特三級に合格してしまっていた。隆介は三年生の時赤井先生のクラスだったので、特三級合格を果たした時にはその上の級を作ってほしいとお願いしたそうだ。確かに、あと三年間、得意なプールで挑戦する目標がなくなってはつらいだろう。というわけで、四年生の夏、初日に私を打ちのめした日、隆介は、赤井先生に「特四級」を作ってもらった。非公式の、隆介のためだけの級だった。個人メドレーのタイムが設定されていた。こんな自由さや配慮がこの学校の魅力だった。

隆介の母は、家庭訪問の時に、私と同い年だと告白した後、これまで一人息子の隆介がしでかしたことであちこちに謝ってきたと語った。火遊びをした、消火器をいたずらした、石を投げられた等々、保育園時代から小学校に入っても、周りから言われ頭を下げ続けてきたという。「問題児」の母としての悩みをひたすら語っていた。私には、正直、隆介にそんな印象はなかった。好奇心が強い子なのである。一、二年時の担任への不満をたくさ

ん言っていたが、納得いかないことに異議申し立てができる子なのである。私は最初から
そんな風に感じていたのですぐに友だちのようになっていた。
夏休み前の最後の検定で、アヤカと隆介は見事特三級に合格してしまった。あっぱれ。
次は特四級に挑戦だ。
隆介が大学生になった時、私は次の学校に異動していたが、夏休みのプール指導員を
やってみないかと誘った。隆介はやってみたいと言うので、学校に紹介すると「先生の教
え子なら」と許可が出た。水泳の実力は問題ないので、常識的な行動をとるよう念を押し
て、来てもらった。競泳用のパンツを履いていたことから「半ケツ」というあだ名は付い
たが、子どもたちには人気があって、先生たちにも重宝がられていた。
話を四年時に戻そう。
あの頃は、まだ、夏休みの水泳指導に教員が駆り出されていた。今も地域や学校によっ
ては先生が指導に関わっているところもあるのかもしれないが、外部指導員がいないとこ
ろはないだろう。
おもしろいのは、いや、おもしろがっているのは私だけかもしれないが、学校によって、
教師が主導権をとるところと外部指導員が主導権をとるところに分かれるのであった。
今よりずっと学校の水泳指導が熱心に行われていた時代である。夏休みの半分近くプー

ル指導をする学校もあったし、子どもたちも毎日よく来ていた。夏休み中にも検定を受けて級を上げることもできた。

その時の私の学校では、何年も指導を引き受けてくれている外部指導員の方がいた。私は大歓迎である。夏休みくらいは私もプールで遊びたい。鬼ごっこ、海賊ごっこ、人力の流れるプールや波のプールを、子どもといっしょにはしゃいでいるのが私だった。ところが、夏休みも中心に指導したい熱血の先生がいる。最後の学校ではそれが校長先生だったから笑えたが、その学校では、私といっしょに異動してきた一つ年下の男性教師がそうだった。前の学校でも体育主任だったそうで、ここでもすすんで体育主任になり、驚く額の体育予算を請求したのが印象的だった。彼は五年の担任だった。私は指導上の接点がほとんどなくて、いっしょに異動してきた仲で、仕事しないよりは頑張りすぎるくらいの言動をむしろ好意的に見ていたが、いろいろとぶつかることが多い先生だった。桁違いの予算要望は、まず、予算委員会でひんしゅくを買った。図工や音楽の先生からだいぶやりこめられていた。私は何の教科の主任でその場にいたのだったか。初年度は玉砕していた彼も、長く体育主任を続け、変わらず要求を続け、数年後にいっしょに体育の教科担当になった時には、いろいろな教具を買いそろえていた。私は、夏休みにビブスの洗濯を買って出た。何色もあって一番から一〇番まで。家庭科室の洗濯機を何度も回して、廊下の窓下の手すりに干していく。万国旗みたいで壮観だったことをよく覚えている。

体育主任の仕事はそれでよかったが、学年の中ではかなりぎくしゃくしたようだ。先輩女性教師二人に挟まれ、彼の主張はなかなか通らない。六年になった次年度の学芸会では、違う演技指導で子どもが困惑したと伝え聞いた。子どもたちは担任間の軋轢をよく知っていて、冷めた対応をしていたように見えた。

で、プールの話に戻る。

彼は、夏休みの水泳指導で、長年担当していた地域の指導員にヘゲモニー争いを挑んでいた。半ば呆れるほど、体育指導に信念をもってあたり、指導方針を曲げようとしなかった。いいじゃん、夏休みのプール指導なんて。と、私は知らん顔で水に潜っていた。

赤井先生はそうはいかなかった。去年まで体育主任を務めていたし、ずっと指導をお願いしていた馴染みの指導員に気も使わなければならない。それは隆介も同じで、自分の活躍の場に不穏な空気を感じていたようだ。特四級は公認の級とはならなかったが、黙認はしてもらえたようで、そこは私もほっとした。

夏休み直前のお楽しみ会について、学級通信にこんな記事を書いていた。七月一九日発行の三七号である。

「すずしくにぎやかに　おたのしみ会

みんなが楽しみにしていた、真夏向きのお楽しみ会。お楽しみ係が提案してみんなで決めた会が始まりました。初めの言葉でまず、一時間目の『かき氷を食べよう』が始まりました。班ごとに氷もかき氷器も持ち寄ってシャカシャカ。いろんなシロップを混ぜて食べている子もいました。

二時間目はバザーです。家から持ち寄った不用品を並べて、四人一組でお店を開きました。くじの店やカードの店、マドレーヌを焼いてきた店、ぬいぐるみや小物・学用品など、たくさんの品物が並びました。私も、ぬいぐるみやかばんを売るファンシーショップを出しました。休み時間までにぎやかに呼び込みをして売っていましたね。

さて、第三弾は校庭での水鉄砲合戦。四人グループで小さな陣地を拠点に撃ち合いをしました。エアポンプのついている強力な武器の子もいれば、手のひらサイズの小さな水鉄砲までとてもハンデがありましたが、どの子もびしょぬれになりながらわいわい戦っていました。水鉄砲に水を入れている間が無防備で集中攻撃をあびたり、下着までびしょぬれになったりする子もいました。気温も上がっていたので、すごく気持ちのいいイベントでした。大満足の会となりましたね。」

水鉄砲合戦は、その後、どの学年でも次の学校でも実施して、人気の行事となった。学年全体でやったり、他の学年も始めたりと夏のブームにもなった。次の学校で、目に当たったら心配という保護者もいたので、ゴーグルをつけてもいいことにした。その内に、防御の工夫が進み、レインコートを着たり、下に水着を着けたり、ゴミ袋で防御服を作ったりする子も現れた。全身覆われていて誰だかわからない子が現れた時には笑った。水鉄砲を三台持ってきて二本の腕では使いこなせないことに始まってから気付いた子もいた。私は、ホテルでもらえるヘアキャップを被り、レインコートを着て参戦する。百均の水鉄砲を持って。そのうちに、ホースで水播きしたりバケツで応戦したりの反則がまた楽しい。

水鉄砲はゲリラ的に流行を勝ち取ったが、学校で食べ物を食べることは、今やほとんどできないだろう。家庭科で調理実習はやっても、他の教科や行事でものを食べるのはハードルが高い。割合の勉強で、希釈を学ぶのにカルピスを用意したりしたものだが、まだやれる学校はあるだろうか。希釈するものがあったら持ってきていいと言っておいたら、めんつゆを持ってきてざるそばを食べていた子がいたこともある。魚の体のつくりを学んだ理科では、最後にガスバーナーで焼いて食べていた先生もいた。理科クラブでべっこう飴や綿あめ器を作ったこともあった。子どもに大人気の食べる学習は、大っぴらにはできない時代になっている。

古き良き時代、めいっぱい遊んだお楽しみ会が終わった。夏休みはそこまで来ていた。

一九九七年の夏休み

この年の夏休みについて、私は、九月一日発行の学級通信に三つの絵日記を綴っている。九月一日の学級通信で夏休みの報告をするのは恒例だ。一つ目は「花火大会」。

「七月二七日の日曜日、昭和記念公園に花火大会を見に行きました。昼間はレインボープールでいっぱい泳ぎ、夜はみんなの広場でどでかい花火や土星みたいな形の花火に歓声を上げげました。八月一六日には神宮球場の花火大会も見ました。」

二つ目は「ハウステンボス」。

「佐賀の唐津で研究大会に参加した後、ハウステンボス内のホテルに、八月二、三日と二泊しました。大洪水の起こるアトラクションとか、オランダの街並み、船上のスタント、レーザー光線のショーなどなど、めいっぱい楽しみました。」

三つ目は、「川上村・野辺山・清里」。

「八月一二、一三と、長野県の川上村にある三鷹市の施設に一泊しました。夜、星がとてもきれいで、流れ星を一五個くらい見ました。一三日はまず野辺山に行き電波天文台の施設を見学、その後、清里でハードなサイクリングをしました。」

花火大会。この頃は、ひと夏に最低でも一回は出かけていたと思う。昭和記念公園の花火は、大広場に陣取って見ることができる。何の遮蔽物もない空間にどんと広がる。神宮球場の花火は確か、会場の外で見物した。入場料を払わなければ見られないものもあるが、球場周辺の道路でも十分鑑賞できた。

この時の昭和記念公園の花火について、「家族新聞」にも記載がある。

「台風の影響で一日延期となった花火大会があるので、お昼ごろから、昭和記念公園に出かけました。夕方までは、レインボープールでめいっぱい泳ぎました。息子は主に、冒険プールで遊びました。娘は、波のプール、流れるプール、スライダーまで平気でどんどん挑戦していました。さて、七時半からは、みんなの広場で大花火大会が始まりました。尺五寸玉というのはさすがにすごい迫力。また、土星のような形に開いたり、シュルシュルと空であちこちに散ったり、色がさまざまに変化したりと種類も豊富でした。息子は、『毎日、花火が見られるといいねえ。』と言っていましたが、本当にすばらしい夏の夜でしたね。ただし、すごい人で帰りは大変なラッシュ。二人とも半分寝ていました。」

別の機会に、西武遊園地や東京湾の花火を見に行ったこともある。西武遊園地は、入場して見物したこともあったし、自転車で周辺の道路で見えるところを探したこともあった。現在の家に移ってからは、屋上から見えたこともあった。屋上からといえば、近くの武蔵野大学の学園祭で上がる花火も見ものだった。一度だけ敷地内で見たこともあった。
ここ何年か、花火大会に行くことができていないのは残念である。

ハウステンボスには、全国生活指導研究協議会の全国大会が唐津で開かれたので、大会後に足を延ばしたのだった。全生研大会で出会った私たち夫婦は、結婚してからももちろん二人で大会に参加している。娘が生まれた年一九九一年だけ、三ヶ月の赤んぼうを連れてはいけないと断念したものの、その後は子連れ参加を続けてきた。研究大会時に幼児保育や学童保育に実行委員会がとりくんでいることも全生研のすごいところだとずっと感謝してきた。ちなみに、二〇〇一年の東京大会の時には、私たちのむさしのサークルが学童保育を担当した。班ごとに新宿副都心をオリエンテーリングして、都庁の展望台や動く歩道を全国から来た参加者の子どもたちに回ってもらった。二日目には東京湾クルーズに出かけている。

私たちが学習している間、娘と息子は幼児保育や学童保育に参加する。そこは単なる預かり所ではなく、集団づくりを実践してくれる場でもあった。そして、全国各地で開かれる大会に参加した後、せっかくだからと旅行をするのが恒例となっていた。そして、この年の大会開催地が大分県の唐津市、旅行先がハウステンボスだったのである。

この時のことも家族新聞に書いてある。

「今年の全生研大会は、佐賀県の唐津で行われました。飛行機で博多へ。電車を乗り継いで、四時頃、唐津ロイヤルホテルに到着しました。娘と息子は、すぐそばの虹の松原で海につかりました。ロビーで、大阪の福井さんにも会えて喜び合いました。今年は、息子も保育の対象になるので、七月三一日の朝から三日間、二人で海の子保育園に参加しました。息子は初日つまらなかったと感想を漏らしていましたが、プールに入ったり、砂浜で遊んだり、ゲームをしたりとそれなりに充実していたと思います。娘は楽しかったと言っていました。子守りなしの学習は久しぶりで、こちらも充実した三日間でした。分科会は、一般が、夫『学校づくりと子どもの参加』、私『不登校登校拒否問題の指導』、問題別は、夫『子どもの権利条約と児童会・生徒会指導』、私『家族と生きる――教師家族の子育て』に参加しました。

全生研大会の後、佐世保のハウステンボス内のホテルに二泊しました。オランダの街を模したテーマパークで、塔や宮殿、ホテルなどの建物や石畳の道、運河、風車などオランダの風景が見事でした。二日は、夕方のアトラクションや『パレスハウステンボス』などを見て、大村湾を臨むホテル『デンハーグ』に泊まりました。夜は、レーザー光線のショーや花火を見ました。三日は朝からめいっぱいアトラクションを楽しみました。娘のフリーカードには二六回の記録が。『デリーフデ号』のスタントでは、息子が海賊に肩車をされ、大洪水の起こる劇場型アトラクションやオルゴール、ギヤマン、カロヨンのミュージアムに目を見張りました。この日は、特に格調の高いホテル『ヨーロッパ』に宿泊、部屋の窓から花火などを見物しました。」

家族新聞には、ハウステンボスの様々なアトラクションや建造物について、家族四人がそれぞれの評価をし、私が一言コメントを書いたコーナーもあった。今見ると、どんなだったかほとんど思い出せない。でも、なかなかいい点数をつけているし、また行きたいと感じた場所だったことは確か。いつかまた行ってみたい。

ハウステンボスのことは、二学期の教材の中に取り入れてみた。後のお楽しみ。

川上村と野辺山についても、家族新聞に書いている。

「川上村の三鷹市の施設に宿泊。小海線の信濃川上駅から宿の車で自然の中へ。裏のアスレチックをしたり、散歩や川遊びをしたり。夜は天体望遠鏡を借りて。夫と私がグラウンドから夜空を観察。天の川がくっきりと見え、一〇以上の流れ星を見られて感激。翌日、一つ隣の野辺山駅へ行き、レンタサイクルを借りて電波望遠鏡の近くの『ベジタボールウィズ』に行き、ホールで映像を見たりする。また電車に乗り清里へ。また自転車を借りて美しの森を目指すが、かなりの斜度のサイクリングコースで、四〇分ほど登り目的地を目前にするも、帰りの電車の時刻が迫り、急降下。駅のそばでソフトクリームを買って帰途に。」

夫は高校時代天文部で、今も家には望遠鏡があるし、子どもが生まれる前も星が観察できるホテルに泊まったりしたものである。天気次第であるが、この日は満天の星を望むことができた。

美しの森のサイクリングは強烈に記憶している。とにかくずっと上る。これは自転車で行くコースではないと、走り出してからすぐに思った。さらに、私たちにはそれぞれ子どもを乗せるというハンデもある。夏休みなのに誰も自転車には乗っていなかった。これはトレーニングか。つらい。しかし、時間がないから休憩できない。美しの森は学生時代にも来たし、初任校の時に移動教室でも訪れた。その名に負けない美しい丘に、たどり着けないまま戻ることになった。一気に下る。速いこと。

先生は夏休みがあっていいとは昔からよく言われることだ。子どもの夏休みとは違うと今になってみれば世間の人もわかってくれたと思う。それでも、毎日教室で授業をする緊張感、勤務時間内に終わらない過密労働の日々に比べたら、やはり、夏休み期間中は気持ちにも時間にも余裕がある。日直も研修も教材研究もプール指導もあるが、普段はとれない年休も取りやすい。子育て中は、家族で過ごす時間がたくさんとれる夏休みは貴重だ。

新規採用以来、いつも夏休みの一行日記を付けていた。何も記録がない日はない、そんな夏休みを送ることを常としていた。

一年目から八年間は、夏休みのビッグイベントは「全生研大会」と「ひまわり学校」だった。娘が生まれた年だけ断念した全生研大会には、職場の同僚に誘われて初任の時から参加している。埼玉支部が担当した第二〇回記念大会がスタートだった。ひまわり学校というのは、全生研の実験学校と評されたとりくみで、区内の全生研会員の先生方が区内の子どもを募集して開催する二泊三日の夏季学校である。編成された四クラスが学級集団づくりを進め、全体では学校集団づくりを進める。夜中まで会議を行い、それぞれの指導について批判検討を行い、翌日の指導方針を練る。先輩教師の指導を直に学び、自分の指導をさらけ出す、緊張の二泊三日は、夏休みの終盤にあって、おなかが痛くなるような時間だけれど、全生研大会で学んだことをその夏実践してみる機会でもあった。その区を離れるまで、ひまわり学校とそれを運営する地域サークルは、教師としての私を大きく育ててくれたと思う。

二校目に異動した年に、全生研東京大会に向けて実行委員会が組織されている。もちろん、実行委員になって、歌って踊る体験をすることができた。退職まで、そして退職後も私は全生研の生活指導教師として生きている。

さて、夏休みの話に戻せば、全生研大会に参加することもひまわり学校に参加することも「研修」であった。私が教師として成長する機会なのだから研修で当然なのだが、教師には「研究権」が認められているので、研修をするのであればそれは休暇ではなく仕事ということで認められている。以前は、自宅で教材研究をしたり授業準備をしたりすることも「自宅研修」として認められていた。夏休みには家にいても研修として処理されていたのである。

ちなみに、「職免」というのもあって、「職務専念義務の免除」を略したものであるが、勤務時間に職務でないことをする場合に「職免」となるのだ。例えば、昔は夏休みのプール指導は職免だった。職務とは違う仕事ということで手当も出ていた。正直、若い時は、夏休みに満額の給与が出ることも、加えてプール指導の手当が出ることも不思議だったが。学校で一一月ごろに次年度入学予定の子どもたちの健康診断や知能検査をする「就学時検診」を行うのだが、この仕事を行う時にも私たちは職免を申請した。本来なら役所がすべき仕事であり、教育活動ではないからである。そして、勤務時間内の組合活動も、職免として広く認められていた。いわゆる「ながら条例」をめぐる闘争までは。これを語ったら言いたいことがごまんとあるが、ここでは触れないことにする。
自宅研修も今は認められていない。研修も、校長が認めたものに限られるようになり、民間教育団体の研究会は認めないなどの攻撃がされるようになった。東京の教育が激しく攻撃されていた時期である。全生研大会の要綱に「平和と民主主義」と書いてあるから認めないと言った信じられない校長がいた。組合の書記長をやっていた私が申請した研修は認めないと説明された組合員もいた。校長の不当労働行為も低レベル過ぎ、交渉相手の市教委は組合敵視を隠さなかった時代である。今から思うと不当な攻撃に多くのエネルギーを割いていた時期でもあった。

一九九七年の夏休み、その他のエピソードを一行日記的に紹介しよう。

七月二〇日　田無市民プールで泳ぐ。
七月二一日　花小金井のプールで泳ぐ。
七月二二日　自転車で野川のホタルを見に行く。
七月二五日　娘がお泊り保育。次の朝は、私が朝ご飯作りに参加。
七月二六日　後楽園遊園地で遊び、ウルトラマンフェスティバルを見る。その年はウルトラマンティガをやっていた。
八月四日　大阪に帰省。八日まで過ごす。
八月六日　おじいちゃんと木下サーカスを見に行く。
八月七日　大阪南港の海水遊泳場で泳ぎ、その後、昆虫博を見に行く。
八月九日　田無市民プールで泳ぐ。
八月一〇日　武蔵野市民プールで泳ぐ。
八月一一日　吉祥寺東急に昆虫展を見に行く。
八月一四日　東大農場に虫探しに行く。
八月一七日　飯能駅から天覧山までハイキング、宮沢湖でアスレチックに挑戦。
八月一八日　北多摩東支部教研集会に参加。
八月二一日　田無地区協の教研合宿で入間グリーンロッジへ。
八月二二日　夫の三鷹地区協教研合宿に合流。羽村の玉川苑。
八月二三日　教研合宿参加の他の家族と共に多摩川原でバーベキューを楽しむ。
八月二四日　全生研の地域サークル、むさしのサークルの八月例会を開催する。
八月二六日　夫婦で映画『もののけ姫』を見て、「ナンジャタウン」で遊ぶ。
八月二九日　職場教研合宿で川越の旅館「むさしの」に参加。

八月三一日　花小金井のプールで泳いだあと、多摩六都科学館で展示やプラネタリウムの全天周映画を見る。

こんなに家族で出かけていたのか、我ながら感心する。全生研大会、支部教研、地区協教研、分会教研と宿泊を伴う教育研究会にたくさん参加していたなあ、と思う。よく学びよく遊んだ夏休みであった。

#「風をよぶなかまたち」

「風をよぶなかまたち」は、九月中旬からスタートさせた「ローマ字ですすめるロールプレイングゲーム」の表題である。という説明でわかるのはやった子どもたちだけであろうが。

四年生の国語にはローマ字の学習がある。習得するのに苦労する子が多いし、もともと興味がない子も多いのだが、パソコン入力に必要ということできちんと指導しなければならないと考え始めていた。ちょうどロールプレイングゲームが流行り出していたので、その冠を借りたが、要は、ローマ字でお話を綴り、毎回一ページずつ日本語に訳すプリントである。お話にクラスの子どもたちが登場するのは、私がよく使う手である。ローマ字版の長編教材は、この教材が初めてで、次の学校で四年生担任となり新作を作ったその二編がすべてである。

この教材を紹介する前に、二人の子どもを紹介しておく必要がある。

一人目は崎山君、二学期に転校してきた子である。九月二日の学級通信にこんな風に紹介している。

「二学期から、二組に新しい友だちが加わりました。崎山君という男の子で、九州の長崎県長崎市から来たそうです。先生が夏休みに行ったハウステンボスの近くだったとか。自己紹介を大きな声で言っていました。そして、みんなの質問に答えてくれました。それによると、好きな科目は体育で、跳び箱や走ることが得意。お姉ちゃんが二人いる。お父さんの車で一日以上かかって東京までやってきた等々。初めはちょっとおとなしそうに見えたんだけれど、すぐに慣れてくれたようで、休み時間やそうじの時など、みんなと楽しそうに話していました。転校した浜中君（四月に転入して一学期末に大阪に転出した子。その後、また帰って来てくれる）はお笑い系だったけれど、崎山君はけっこうわんぱく系のようですね。」

もう一人は小池裕二君である。

裕二は都営住宅に住んでいる。母と弟と暮らしていた。通学路に面している一階の西側の窓にはいつも厚いカーテンが引いてあって、生活感がうかがえなかった。裕二はなかなかのイケメンで、茶髪を真ん中分けした長髪、保護者がホストにいそうなどと評していた。毎日遅刻、それも、給食の前あたりに登場することが多かった。休みも多い。五年生の時だったか、六年生の時か、遠足の朝、来ていない裕二の家を訪れて、寝ていた裕二を起こし二人で駅まで走ったこともあった。駅まででもうばてた遠足だった。

そういうわけで、勉強はほとんどできていない。でも、優しくて穏やかで、いっしょにいると癒される不思議な男子だった。裕二のことは六年生までずっと担任したが、登校した時に効率的に課題をやらせるプロジェクトチームを作って対応した。チームと言ってもほぼ私とアヤカの二人だが。六年のある日、裕二が来たところをアヤカと拉致、図工室に連れて行って卒業制作の雑誌ラック作りを手伝った。電動のこぎりを前に、「はい、この線の通りに切って」「次はここに釘を打って」と裕二は言われるがままに作業をこなす。昼休みの間に形になると、

「こんなに早くできるじゃん。楽勝！」

とアヤカとハイタッチ。

「次に来た時に色塗るからね」

こんな調子にすすめていたものだ。

ハウステンボスの近くから転校してきた崎山君と、遅刻を繰り返す裕二を紹介してから教材に入る。読んでみればわかってもらえると思う。「風をよぶなかまたち」は、最初に言ったようにローマ字で書かれた教材である。この後はローマ字を読んでと言いたいところであるが、それでは読んでもらえないので、日本語訳で表記する。ローマ字で書いてあ

ると想像しながら読んでほしい。そんなことが可能ならばだが。表紙には、闘う自分の姿をキャラクターに表すコーナー、獲得したアイテムや仲間、倒した敵を記録したり、パワーアップの分を色塗りしたりするコーナーを作ってロールプレイングゲーム感を出している。アナログなのだが。

お待たせし過ぎた。「ローマ字ですすめるロールプレイングゲーム～風をよぶなかまたち」開演である。

その日は、二学期の最初の日だった。まだ暑い朝、聡君は、学校への道をひとりで歩いていた。途中、ナナコさんたちに会い、「久しぶりだね」と言葉を交わした。よく日焼けした四年二組の仲間が、四〇日ぶりに学校の校庭に戻ってきたのだった。

始業式の間、福山君と川添君は、転入生が来るか話をした。一学期にお笑いが得意な浜中君が転校してしまったので、男子が来ればいいなと男の子たちは期待していたのだ。だから、始業式の終わりにクラスの前に男の子が立った時は喜んだ。

一番前の松下君が、先生に「二組の転校生なの？」と男の子を指さしながら聞いた。先生は、「そうだよ」と笑って答えた。みんながその転校生を囲んで教室に入った。教室にみんなが揃ったから、先生が転校生を紹介した。彼は、前に出て「崎山俊一です」と言った。

崎山君は元気な楽しい転校生だった。ところが、九月の終わり頃、崎山君の様子がおかしくなった。元気がないのだ。心配して、アヤカさんが、ある日、崎山君の家に行ってみた。崎山君は、アヤカさんに一通の手紙を渡すと、黙ってドアを閉めてしまった。その日から、崎山君の姿が消えた。

※第四話までクリアしたところで、アイテムとして、崎山君がアヤカさんに渡した手紙が渡された。その手紙がこれである。

「崎山俊一に告ぐ。君は我々から与えられた使命を忘れてはいないだろうな。君が東京へ行ってからというもの、我々への連絡を怠り、任務を果たす気がないのではないかと、われわれは疑っているのだ。君はそれで我々から姿を隠したつもりだろうが、我々を甘く見てはいけない。君の行動はすべて、我々に筒抜けなのだ。まさか、東京へ行って、普通の小学生に戻れるなどと考えていたのではないだろう。君がこのまま我々との連絡を取るつもりがないのなら、君の周りの者に大変なことが起こるだろう。これは脅しではない。君の新しい友だちを恐ろしい目に遭わせたくないのなら、三日以内に我々の東京支部まで君がひとりでやってくるのだ。では、楽しみに待っていよう。東京支部の場所は、君が東京へ来てもらった教科書の、ある本の六六ページを見たまえ、電車に乗れば難なく来られるところだ。」

アヤカさんは、次の日、慌てて学校に向かった。教室に入った途端、「ねえねえ、聞いてよ！」といつもの大声で叫んだのだった。教室にいたみんなが何事かと集まってきた。「崎山君がこの手紙くれたの！」下地君が真っ先に手紙をとって、大きな声で読み始めた。

いつの間にか教室には、クラスの全員が集まっていた。手紙に書いてあった東京支部を探すために、いろんな教科書を引っ張り出して六六ページを開いてみた。「あった！」、荒井さんが大きな声で叫んだ。「『わたしたちの東京』を見て！」一斉にみんなの頭が荒井さんの持っていた本に集まった。「東京芸術劇場」、そうなのか？

「そこに崎山君がいるの？」青山さんがつぶやいた。「いるかいないかわからないけど、行ってみない？」花巻さんがみんなの顔を見渡して言った。明日は第四土曜日、「明日行ってみよう！」マユミさんが言うと、みんなうなずいた。でも、親や先生には内緒にすることにした。明日の朝八時にひばりヶ丘駅集合だ。

次の朝、ひばりヶ丘駅にみんなが集まった。それぞれが切符を買うと、真剣な顔で電車に乗り込んだ。ちょっと緊張していたのか。実はこの時、寝坊して遅刻した仲間がいた。そう、裕二君だ。九時に駅に着いた裕二君は、もうみんながいないので、あきらめて家に帰ってしまったのだった。

池袋駅に着いて、改札口を出たところで、隆介君が近くの人に、「東京芸術劇場はどこですか？」と尋ねた。「コスモポリタン口を出たらすぐだよ」その通りに行ってみると、教科書通りの建物がそびえ立っていた。「あそこだ！」須藤さんが真っ先に走り出したのだった。

東京芸術劇場は大きな建物で、長いエスカレーターを上るといくつかの会議室があった。「ほんとにここかな？」土屋さんがつぶやいたその時、「あれを見て！」海老塚さんが黒板の隅を指さして叫んだ。そこには、汚い字で「ハウステンボス」と書いてあった。「これは、崎山の字だよ」岸井君が言った。

「ハウステンボスに連れていかれたのかな？」山田さんが心配そうな声で言った。ハウステンボスまではとても行かれない。みんながっかりしていたその時、突然タケコプターでドラえもんがやってきたのだった。「やあ、僕ドラえもん。困ったことがあったら助けてあげるよ」突然の訪問でみんなびっくり。でもこれはチャンスだ。

ドラえもんにどこでもドアを出してもらったみんなは、そこからすぐにハウステンボスに行ってしまった。その頃、一人遅れた裕二君はブロックバスターに行ってゲームをしていた。そこへビデオを返しに先生が来て、ばったり。「裕二、何してるの？」そこで、裕二君は今までのことを先生に話した。

先生は慌てて池袋駅に向かった。もちろん、裕二君も続いた。東京芸術劇場で二人が見たのはあの文字。そしてこの時現れた仲間は、ポケモンのカイリューだった。先生と裕二君は、カイリューの背中に乗って、あっという間にみんなを追いかけてハウステンボスにたどり着いたのだった。さあ、これからどうなるのか。

一度行ったことのある先生は、すぐに入国のゲートに向かい、そこでハウステンボスの地図を手に入れた。さて、どこから捜したらいいのか。その頃、先に来ていたみんなは、初めての場所なのでうろうろと歩き回っていたが、手掛かりもなく、疲れ果てて海の見える広場に座り込んでいた。もう一二時になる。

※アイテムとして、ハウステンボスの地図を配布した。

みんなが座っていたのは、「オレンジ広場」というところだった。「全然見つからないね」と東野君が言ったその時、目の前の船で船乗りと海賊の闘いのショーが始まった。「わあ、すごい！」篠原さんが手をたたいて喜んでいると、海賊の一人がこちらに近づいてきた。そして、あっちゃんをつかまえて船に引っ張っていった。

あっちゃんも、見ていたみんなも、それがショーの中味の一つと思っていたので、笑っていたのだが、ショーが終わってしばらくしてもあっちゃんが帰ってこないので、だんだん心配になって来た。「ねえ、ちょっと変じゃない？」中山さんが小さな声で言った。「おれ、見に行ってくる！」村井君が船に向かって走り出してしまった。

村井君が船に乗り込んだその瞬間、オレンジ広場につないであったはずの海賊船が、なんと岸を離れたのだ。村井君を追って船に近づいたみんなは、もう少しで海に落ちるところだった。松本さんが「どうしよう、あっちゃんも村井君も連れていかれちゃった」と船を見つめながら言った。船は、大村湾に漕ぎ出していった。

その頃先生は、ハウステンボス全体を見渡せるタワーであるドムトールンに、裕二君と上っていた。すると、オレンジ広場から船が動き出すのが見えるではないか。先生は、「あれだ！」と叫んでエレベーターに飛び乗った。船は大村湾に抜けた後、進路を西に取り、ゆっくりと進んだ。船上には誰も見えない。

船を見つめて途方に暮れるみんなの中から、サキさんが突然立ち上がり、「私たちも船で追いかけましょう」と提案した。「えっ！　どうやって？」佐竹君が大声を出した時、「おおい！」と叫びながら先生と裕二君が走ってきた。「先生！　どうやって来たの？」福田君が立ち上がって手を振りながら叫んだ。

先生と合流したみんなは、オレンジ広場からマリンターミナルに向かい、「デハール」号に乗り込んだ。福山君が事情を話すと、船長の松川さんが快く協力してくれることになった。「デハール」号は海賊船を追って大村湾に向かった。船内では、全員で救出作戦の相談が始められた。

海賊船に飛び乗った村井君は、運よく海賊たちに見つからずに船底までたどり着くことができた。周りの様子をうかがいながら、暗い廊下を進んでいくと、小さな窓に鉄格子のあるドアの前に出た。そっと覗いてみると、中に、崎山君とあっちゃんが縛られてうずくまっているのが見えたのだった。

すると、足音が聞こえてきた。近くの物陰に隠れると、二人の食事をもってきたらしい禿げ頭の海賊がドアを鍵で開けた。村井君は、思い切って体当たりをした。その海賊は、ちょうどそこにあった鉄の錨に頭をぶつけ、のびてしまった。村井君は、部屋に入ると二人の縄をほどいてやった。

「さあ、逃げよう！」と村井君が言うと、崎山君が「船から出られないから、つかまっちゃうよ」と言って下を向いた。そこで、村井君は、二人を部屋に残して様子を見に行くことにした。しかし、自由になったあっちゃんは、勝手に部屋から出てしまった。あっちゃんは素早く甲板に上がると、マストをするすると上り始めた。

運よくあっちゃんも海賊に見つからずに、マストのてっぺんまで上り詰めた。その時、デハール号は、海賊船を追って二〇〇メートルの距離まで迫っていた。さすがに、海賊の見張り役ガブリエルは怪しんで、船長のフックに連絡した。同じ頃、デハール号で見張りをしていた下地君があっちゃんを発見した。

フック船長は、望遠鏡でデハール号を確認、すぐにガブリエルに攻撃命令を出した。ガブリエルは、キッドに大砲でデハール号を狙わせた。大砲が火を噴いた瞬間、見張りをしていた下地君が「危ない！　伏せろ！」と叫んだ。松川船長が舵を切り、寸前で大砲の球は外れたが、船体が大きく傾いてしまった。

そのために、川添君と聡君と須藤さんが海に放り出されてしまった。慌てるみんなの中から、泳ぎの得意な隆介くんとアヤカさんが飛び込んで三人を助け出した。命中したら大変。大砲の球が届かない距離まで離れなければならなくなった。そこで、潜水艇を使った作戦に出ることにした。

潜水艇には東野君と荒井さんと福田君と松下君と篠原さんと花巻さんが乗り込んだ。武器がないので、釣り道具とフライパンと石鹸を持っていくことにした。デハール号はマリンターミナルに戻り、応援を頼むことにした。船を降りたところで、岸井君が携帯電話を発見、拾って、ある番号を押してみた。それは、一彰君の番号だった。

※一彰君は不登校である。

話を聞いた一彰君は、M七八という星にテレパシーを送った。それを受けて、ウルトラマンたちが地球に向かった。その頃、潜水艇はひそかに海賊船に近づき、こっそり釣り糸を投げて、船の後ろに引っ掛けることができた。気づかれずに海賊船に乗り込んだ。そこにガブリエルが登場、花巻さんがフライパンで殴り倒した。

ウルトラマンとその兄弟たちが、宇宙のかなたからハウステンボスまでやってきた。すると、海賊船が突然変形し始めた。なんと、宇宙船に姿を変えたのだ。そして、海賊たちは宇宙人に変わった。そう、彼らは、実は、宇宙から来た侵略者だったのだ。乗り込んだみんなごと空に飛び立ってしまった。どうなる⁉

飛び立った宇宙船を追いかけてつかまえたのは、ウルトラマンダイナだった。ダイナは、船内の四年二組の子どもたちを救い出すと、巨大化した元フック船長の宇宙人と闘い始めた。残りの宇宙人とウルトラマンたちの闘いは空中で繰り広げられた。マリンターミナルに集合したみんなは、闘いを見守るだけだった。

ウルトラマンたちの出現で計画の狂った宇宙人たちは、次のメッセージを残していったん地球から撤退していった。「四年一組の諸君、今回は地球侵略をあきらめよう。しかし、人類は地球をこんなに汚してしまった。ここに住むのにふさわしいのは君たちではなく、我らなのだ。我々は住んでいた星を失った。

それは隕石の衝突のためだった。そこで、我々は、新しい星を探していたのだ。地球はすばらしい星だ。我々は、未来の地球の住人である子どもの能力を調べて、地球を奪うか決定することにしたのだ。さあ、テストだ。この地球をこれからどうしていくか、君の考えを書いてみたまえ」

※この三二ステージの後、三三ステージは白紙の紙を配布した。そこに、今度は子どもたちがローマ字で地球を救う方法を書くというのが最終の課題だった。

どんな話を書いたか全く覚えていなかったが、改めて読んでみると、なかなかにハチャメチャであった。ドラえもんにポケモンにウルトラマンを持ち出している。物語の構成もひどい。ただ、クラスの子どもたちを登場させたことで、みんなは喜んでとりくんでくれた。最後に、地球環境を守る課題をこじつける安易さ。まあ思い付きの手作り教材はいつもこんなものか。

残念ながら子どもたちが書いた三三ステージの記録がどこにも残っていない。今のところ宇宙人に侵略されていないようなので、いいことをいっぱい書いてくれていたのだろう。

運動会

九月六日の学級通信に運動会の記事が二つ載っている。一つはコラム欄「コーヒーブレイク」に。

「運動会のリズムの曲を決めるのに、夏休み、CDレンタルのお店を何回も覗きました。結局選んだ『WAになっておどろう』（V6）は、初めから候補に挙げていた曲だったのですが、発売が八月一八日だったので、レンタル店に入ったのは二五日過ぎでした。いろいろ借りては聴いてみて、あれやこれや考えました。おかげで、最近の流行りの曲をずいぶん覚えました。どんな曲が人気があるかもわかりました。とは言っても、ほとんど、どっちがグループ名でどっちが曲名なんだろうなんて思うほど、わかってないんですが。みなさんはいかが？」

V6は二〇二一年、結成二六周年を迎え、一一月一日をもって解散するという。その代表曲と言える『WAになっておどろう』が、この年のリズム表現の曲となった、学級通信のもう一つの記事はこうだ。

「運動会リズム実行委員に七人なってくれました！
運動会のリズム実行委員が決まりました、二組からは、青山・松本・マユミ・花巻・ナナコ・川添・裕二の七人が立候補してくれました。九月四日の昼休みに第一回目の集まりがあり、一組や三組からもたくさん来てくれて、総勢二一人の実行委員会となりました。これから、先に踊りを習ったり、進め方や内容の意見を出し合ったりして、運動会のリズムの練習をしていきます。」

九月一〇日の学級通信にはダンス隊形が紹介されていて、一二日には赤白のチーム分けが紹介されている。

さて、運動会のチーム分けであるが、一度だけ、クラス対抗の運動会を経験したことがある。初任校のことで、着任二年目に、同じ二年目の女性教師が運動会主任となり、私と二人で担当し、運動会の実施計画案を出した時のことである。各学年が三クラスであったことから、縦割りのクラス三色対抗を提案したのである。それまで各クラスを二つに分ける赤白二色対抗の運動会をしてきた学校である。

今さらながら、この学校の懐の深さには感動を覚えるほどだ。まず、二年目の未熟な教師に運動会主任を任せてくれる学校はまずない。それにも増して、女性教師が体育主任や運動会主任を任されることが珍しい。学校という職場は、他の職種に比べたらうんと男女平等な仕事場で、待遇に差はないし、最近は管理職や各種主任にも女性がたくさん就任しているのだが、どういうわけか体育主任や運動会主任は男性教師が一般的だ。なりたがる男性が多いからか。プール指導に燃える彼のように。

あるいは、体育科出身者に管理職が多いことと関係があるのか。

少なくとも私には、体育会系への偏見がある。大学時代、私は社会科だったが、体育科の学生はいつも体操着、集団で学食のテーブルを占拠し騒いでいる印象が偏見のスタートかもしれない。飲み会のノリとか、学校訪問で教育委員会を迎える態度とか、上下関係を作りたがる雰囲気とか、そういうのが嫌いなのである。まあ、この辺で体育会系の話はやめ。

もう一つ、クラス対抗のチーム分けについても語っておきたい。クラス対抗は燃える。学級が成長する機会となる。二年目の私は四年生を担任していたが、団体競技「台風の目」の練習に燃えたし、運動会の前日は眠れなかった。中学校では体育祭や合唱コンクールでクラス対抗が当たり前だと思う。しかし、小学校ではあまり採用されない。担任の指導力が問われると考えるからだろうか。運動能力で学級編成をしていないということを理由に挙げる先生もいた。だからこそ、二年目の教員が提案したクラス対抗の運動会がよく実現したものだと今さらながら初任校には感謝したい。若い教師にチャンスを与えてくれる学校はめったにない。

ずいぶん横道をうろうろしてしまった。

九月一八日の学級通信によれば、応援団が決まり、ポスターを描く五人が決まったと紹介されている。また、「コーヒーブレイク」には、雨が続いていること、練習に体育館が使えないことが書かれている。体育館が使えない理由は思い出せない。工事をしていたのだろうか。そんな中、

「一一日に八〇メートルを測れたのと、一二日にリズムの練習が校庭でできたのがよかった。今のところは、それで何とかなっています。あとは、実行委員が頑張ってくれているのと、みんながノッていて、休み時間に音楽をかけて踊っている人が多いので、ちょっと安心です。蛇足ですが、『岸田先生の踊りがかっこいい』と他のクラスの子に言われて喜んでいます。ウフフ。」

ノッていたのは子どもたちだけではなかった？　子どもたちとダンスで盛り上がるのは、私の実践の柱の一つかもしれない。運動会だけではない。この学校で何年目かにはダンスクラブを立ち上げて、ダンスを習っていた子の先生に来てもらいＥＸＩＬＥの『チューチュートレイン』をマスターしたこともあった。学芸会や学習発表会にも取り入れてきた。二〇日発行の通信にも、「雨で練習中止」と題した記事が載っている。

「体育館が使えないのに雨が多くて、今のところ五回のうち二回しか練習ができていません。その二回は、踊りのだいたいを覚えることと、踊る位置や入場の仕方を覚えることをやりました。外でしかできないことをやっておかなければと、ちょっと焦って進めているので、子どもたちは、最初から覚えることが多くて大変です。でも、実行委員の子どもたちがよくみんなをリードして踊りのアドバイスをしてくれています。また、実際にできない部分をニュースで提起して、頭の中でイメージしてもらっています。幸い、みんな、『ＷＡになっておどろう』の歌も踊りも大好きで、雨が降っても『教室で踊ろう』と声が出てくるし、給食の前などにあちこちの教室から聞こえてきたりしています。実行委員会は水曜日の放課後に二回やりましたが、実行委員以外の子もいっしょに踊ったりしてなかなか積極的です。八〇メートル走は、レース順とコースが決まりました。綱引きは、みんなのアイデアを取り入れます。お楽しみに。」

次の九月二四日発行の学級通信にも、「みんなの成長が見える運動会のとりくみ」と題した記事が載っている。

「運動会まであと一〇日となりました。綱引きは、みんなのアイデアを取り入れてということで、ただ綱を引くだけでなく、他に何かやってからと考えています。その『何か』の部分に、本当にたくさんのアイデアが寄せられました。綱を全部自分の陣地まで引かないと勝てないとか、途中音楽が鳴ったら踊らないといけないとか、綱を二本絡ませてどっちかを引くとか、大人では考えつかないようなアイデアが出てきました。とりあえず、その内の三つ、実現可能と考えられ、おもしろそうなものを今度試してみることにしました。まだ本番はどうなるかわかりません。八〇メートル走はタイムごとにレースを決めました。それで、五〜六人でいっしょに走るメンバーのうち二組の人が三人もいたり、一人だけだったり。クラスもバラしてレースを組んだので、審判泣かせの接戦になるはずです。リズムの方は、月曜日に校庭で、三回目の練習をしました。入場から退場まで通してやってみることができました。前回、入場を試してみてうまくいかなかったのですが、二回目はバッチリ。退場も、一回やってみてだめだったところをもう一回やるとちゃんとできました。失敗を繰り返さないのはすごいと思います。」

その次の九月三〇日発行の通信には、直前とあって三つの記事が綴られている。

「側転のテスト

運動会のリズム『WAになっておどろう』の見どころの一つは側転。これをきれいに決めるために、まず、ひとりひとり側転のテストをしました。少し厳しく、足を伸ばす、着地を決める、ゆっくり大きく回るなど注文を付けて、完全にできている人だけ合格としました。第一回で合格したのは六人。惜しい人はいっぱいいました。そして、テストの後側転熱が上がり、教室で練習する人が出てきて、友だち同士アドバイスしながらやり始めています。当日、側転がバシッと決まれば絶対カッコいい。がんばって合格しよう。

綱引きの練習

四年生の練習があんまり雨でつぶれているので、三年生が、二九日の校庭練習を譲ってくれました。ありがとうございます。というわけで、綱引きの練習をしました。みんなから出してもらったアイデアの中から、馬跳びが取り入れられました。一、二回戦は、二人組がお互いに一回ずつ馬跳びをしてから綱に駆けつけて引きます。この二回で引き分けた場合の決勝戦は、馬跳びのリーダーが各クラスの列を跳んでリレーし、馬を跳び終えたところで綱を引くことになります。馬跳びのスピードが勝負を左右するだけに、何回かやるうち、馬と馬との間隔を調節したり、馬の高さを変えたりと作戦が生まれてきました。入退場もやってみて、だいたいの流れは分かったかと思います。手にマメができた子もいるようです。

コーヒーブレイク

全校練習も始まり、運動会の雰囲気がぐっと高まってきました。朝学校に着くと、リレーの選手や応援団が朝練をしていたり、授業中は校庭から、他の学年のリズムの音楽が流れてきたり、放課後遠くからファンファーレの練習が聞こえてきたり。この学校の運動会は初めて体験するので、運動会の歌はこれかあ、開会式はこんな風なんだ、会場図はこんなになってるのかと、まだ半分実感の伴わない感じで、興味半分に眺めていますが、どこでもだいたい同じなんだなあと感じる部分の方が多いですね。私は、せわしないけれども、この行事前の雰囲気が結構好きです。」

そして、運動会前日となる一〇月四日の学級通信には、大きな文字で「いよいよ運動会、赤も白も力の限りたたかおう！　練習の成果を出し切って最高の見せ場を！」と見出しが躍り、八〇メートル走のメンバー表が載っている。コーヒーブレイクには次のように書いてある。

「いよいよ本番が迫りましたね。天気予報もずいぶんよくなってきて、日曜日はできそうです。木曜日には、本番用のTシャツを着て踊りました。その様子を赤井先生がビデオで撮ってくれました。Tシャツ選びを楽しんでいる子が多いようです。いくつかのTシャツで迷っている子や、本当にすごく目立つ色や柄の子、髪型にも気合の入っている子がいて、なかなか楽しいですね。ビデオで見ながら、みんなでワーワー騒ぎました。今まで、踊っている自分の姿を見たことがないので、ちょっとずれているところや、きれいに揃っているところが分かったようです。」

さて、運動会当日はどうも雨だったようだ。練習も雨にたたられていたが、延期となっていたことを、一〇月九日の学級通信を見て確認した。

「運動会大成功！

平日になってしまった運動会でしたが、見ていただけたでしょうか。仕事で見られなかった方には、本当に申し訳なかったですね。でも、七日はすばらしいお天気。みんなやる気満々でした。開会式すぐの八〇メートル走は、さすがに接戦が続き、ゴールまで目が離せませんでした。ザ・綱引き九七は、一、二回戦で白、赤と勝ったので、三回戦までやることができ、スリルある馬跳びを見ることができました。午後のWAになっておどろうは、練習よりさらに派手さが加わり、頭までカラーの人も。みんな、練習でとりくんだことをしっかりやれたし、とても楽しそうだったことが一番よかったです。みなさん、ぜひ感想をお寄せください。」

この通信から何枚かの紙面には、子どもたちの運動会の絵日記が掲載されている。それぞれが頑張った場面を切り取って表現してくれていた。

三八年勤めて、二回の育休中と五年の専従期間を除いても三一回は運動会をやっているわけで、覚えていることは断片的である。とはいえ、勤務した学校は四校と少なく、比べてみることはできる。

初任校は下町の入り組んだ道の果てにあった。プール指導をしていると、文字通り学校に接している民家の二階の窓が開いて、弟がお兄ちゃんに声援を送ったりした。おじいちゃんが病気だからプールで騒がないでくれというクレームの時には困った。校庭は狭く、土ではなかった。都内の学校あるあるだ。こういう学校では、運動会の保護者席スペースは少なくて、早朝から校門前に列ができることになる。最後の学校はもっと都心の学校だったので、保護者席はおろか、児童席も椅子を並べるスペースがなかった。前日に子どもたちが防災頭巾を持ち帰るので不思議に思っていたら、防災頭巾をビニール袋に入れて名前を書いて持参する、それが座席とわかり驚いた。保護者席は、出演学年の保護者が優先される交代制だった。区内にはもっと校庭が狭い学校はたくさんあって、トラックの一部が体育館の下を走っている学校を見た時には驚いたものだ。体育館は二階になっていて、下の太い柱で支えられている。徒競走のレースがトンネルに入ったように一瞬見えなくなり、また現れるのだそうだ。

二校目と三校目の学校は多摩地域の学校なので、校庭はずっと広い。二校目の学校は校庭が二つあるというのが子どもたちの自慢だった。運動会を行う立派な校庭に加えて、低学年の校舎の前に第二の校庭があり、遊具もいろいろと設置されているのだ。私が勤務していた頃は四階の教室ベランダから富士山が望めるいい環境の学校だった。そして、三校目、今報告している学校は、勤務した中で一番校庭が広かった。小学校にしては大きなトラックと、その周りに余裕の座席スペースが取れる。サッカーコートが二面作れる広さだった。さらに運動ができるスペースの周りには、フェンスまで木が生えているいこいの敷地となっている。実は、この学校には裏庭もあり、池があって、ちょっとした日本庭園に見えなくもない。

この年の運動会は平日だったので知らなかった。次の年の運動会、私は木の下でお酒を飲んでいるお父さんたちに注意する役を申し付かった。校庭の広さによって運動会の応援風景もさまざまである。

面積やしきのたんけん

面積は四年生の算数で学ぶ。面積の学習を「面積やしきのたんけん」と題した手作り教材で進めたのは初任二年目、一九七九年のことである。私のオリジナルではなくて、元は『ひと』という雑誌に載ったどこかの先生の実践である。著作権を無視して真似をさせてもらった。申し訳ない。

最初の方に出てくるキャラクターや出題はオリジナルそのままに拝借して作ったのだけれど、何度か四年生を担任しているうちにさまざまな展開を付け加え、どんどん新しいキャラクターを生み出して、私独自の手作り教材に進化していったと思っている。

この年、四年生を担当し、その後クラス替えをしつつ五年生、六年生と三年間指導することになる。面積の学習から体積の学習へ、様々な平面図形や立体図形の求積、大きな面積の単位と六年生まで何度か学ぶ度に、手作り教材シリーズも増えていった。たくさんの教材を作ったことは私の自慢だが、面積やしきシリーズは三年間も続いた超大作と言える。代表作と言ってもいい。

「四年生になると、必ず、だれもが入らなければならない恐ろしい所……面積やしき。今までここに入った四年生は、誰一人として戻ってはきませんでした。さて、○○小学校の四年の君たち、挑戦する勇気がありますか？　まあ、先生もついていってあげるから、思い切ってとびらを開いてみましょう。」

表紙の言葉の隣には、いつものように、「たんけんに行く自分の姿を描こう」というコーナーを設けてある。隣に描かれているバッグの中身は、定規、はさみ、鉛筆、消しゴム、のりである。プリントは一枚ずつ配られて、ひとりずつが問題に向き合った後は友だちと相談したり、班で話し合ったりする時間があって、最後にみんなで討論して正解にたどり着く、こんなスタイルで進んでいく。

「とうとう入って来たな。オレは広さこぞうだ。そうかんたんには出られないぞ。まず、オレ様の問題を解いてみろ。問題『AとB、どっちが広いか』　ア．Aの方が広い　イ．Bの方が広い　ウ．A、Bとも同じ。」

A、Bというのは、等脚台形が逆さになった図形である。上下に並べてあるので、目の錯覚でBの方が大きく見える気がするが、正解は実はアである。こういうのは実は同じだ、という問題がよくあるので、ウと答える子も多くなる。塾で習っているような子が、公式を使って計算しようとして線の長さを測り始めたり、いろいろと補助線を引いてみたりする間に、なんと、あっちゃんと裕二がハサミを取り出して図形を切り出した。常識にとらわれたり、教科書的な枠で考えたりする子ではなかなかできない方法を選択したふたりはあっぱれだった。広さこぞうはもう一問、正方形の右はへこみ左が膨らむヨットの帆のような形でも広さ比べができるかという出題をして、今度はみんながハサミを取り出した。

次のプリントにはまた別のキャラクターが登場してきた。

「わりかし手ごわい相手だな。弟の仇、今度はこの広さアニキの問題をやってみろ。これ、どっちがどれだけ広い？　これはハサミなんかじゃ切れない鉄の板だぞ。」

曲線で囲まれた似たような大きさであり形でもあるAとBが描いてある。ハサミは使えない。その下に、顔がわからない「なこうどさん」なる人物が、「全国で結婚に困っている人をうまくまとめているのが私です。このAさんとBさんみたいにいっしょになれない場合も私にまかせてくださいな」と言っている。なこうどさんって何？　となったところで、小さい薄紙を、これがなこうどさんだよと言って配る。つまり、切り取れないなら写し取って比べるというわけだ。こうして子どもたちがどちらが大きいかを解明したところで、

「ふん！　どれだけというところが大事なんだ。後ろの黒板と入り口のドアと、どっちがどれだけ大きいか、さあ、説明してみろ、どうだ」

と広さアニキが問題を出して、これに答えを出すところまでが最初の授業である。一〇月一三日の学級通信にも記事が載っている。

「面積やしきに突入！

算数の学習は、面積に入りました。面積の学習は、『面積やしきのたんけん』というプリントで進めています。はじめっから子どもたちは乗ってきて、たんけんに出かける自分の姿をいろいろ描いては、やる気いっぱい。初めに出てきた『広さこぞう』の広さ比べの問題では、裕二君やあっちゃんが大活躍、はさみで切るという作戦が見事当たり、広さこぞうをやっつけることができました。広さアニキには『なこうどさん』で対抗。友だちといっしょに謎解きをしたり早く答えを知りたがったり、正解してガッツポーズが出たり、算数の時間が大興奮の渦となりました。」

次の算数の時間に配られたプリントには、けんかをしている男の子と女の子が登場している。

男の子「AがBより四個分大きいんだよ！」

女の子「ちがうわよ！　八つ分よっ！」

「この二人、実は三年前にこの面積やしきに入って出られなくなったカズユキ君とキヨコさん。この問題で意見が合わないまま、もう中学生になっちゃった。この問題、みんなで解決して、カズユキ君とキヨコさんを助けてあげてくれないかな。えっ、できないと君たちも出られないよ」

というわけで、次のページには、折り紙を使って広さ比べをしている男の子と筆箱を使って広さ比べをしている女の子の思考回路を説明している。みんな、なんなく問題を解決して助けてあげたところに、「た・す・け・て」と小さな声が聞こえてくる。次のプリントには、とっても小さくてかわいい女の子が座っている。そして、「助けてくれてどうもありがとう。お礼にいいことを教えてあげるわ。カズユキ君やキヨコさんみたいにならないように、世界中どこでも使っている面積のもとの大きさがあるの。それがこれよ。この大きさ、よく覚えておいてね。おやゆび姫より」

一辺が一センチメートル、面積一平方センチメートルの正方形が描かれている。そして、一平方センチメートルの定義と表し方がまとめられている。最後に、おやゆび姫のセリフ「みなさんの手の親指の爪くらい、と覚えておいて。そして、私のことも忘れないでね」なるほど、それでおやゆび姫が出てきたのか。燕に乗って去っていくおやゆび姫。

次のページから、何平方センチメートルかを求める問題が出ている。初めのページは一平方センチメートルのタイルがいくつか組み合わさっていて、それを数えれば面積がわかる問題、その次のページは、子どもたちが一平方センチメートルに区切って面積を求める問題。簡単に問題が解けてみんな喜んでいた。

すると、次のページには新たな登場人物が。

「ヌヌヌ、だんだん実力をつけてきおったな。今度はこの広さかあちゃんが相手だ。ちょっと複雑だぞ。さあ、何平方センチメートルか答えてみい」

広さかあちゃんが出した問題は、一平方センチメートルの正方形を切ったり貼り合わせたりして長方形やひし形、三角形、矢印のような形などを作った問題。面積は、どんな形でも求められる、それがだんだんと浸透していく。

次のページは一センチ四方の方眼紙になっていて、「そろそろ一休み。五平方センチメートルのいろんな形を書いて遊ぼう」面積の単位を学び、習熟する時間を経て。

「くそ〜。家族みんながやられたんじゃ、ワシ、広さとうちゃんが出ないわけにはいかんな。この恐ろしい悪魔の鏡、放っておくとみんな吸い込まれてしまうぞ。どうにかぴったり塞げるかな」

長方形の鏡が描かれ、面積が二四〇〇平方センチメートルと書かれている。映った自分の顔を描こうというコメントもついているが、これはオマケである。次のページに六〇〇平方センチメートル、八〇〇平方センチメートル、一〇〇〇平方センチメートル、一二〇〇平方センチメートルの四枚の長方形の板が描かれている。この板のどれかを組み合わせて鏡に貼り付ければ塞ぐことができるという簡単な問題で、さっそく板をはさみで切って貼り付けた。面積は足し算できるということにもつながっている。

次のページには、泣いている女の子が登場している。

「うえ〜ん、うえ〜ん、誰か私を助けて。私、面積の式がわからないからって、去年から、わかるまでこのローラーを押したり引いたりしなければならないの。誰か私に面積の式を教えて〜」

一年間閉じ込められているのはミドリさん、ミドリさんが押し引きしているローラーの幅は一〇センチメートルで、それを引きずる長さが二〇センチメートルと記されている。

「僕の話も聞いてよ。僕も、面積の式がわかんなくて、このクレパス、ころがしてんだよ。助けてくれ〜」

次のページでやっぱり閉じ込められて泣いているのはタケシ君、五センチメートルの長さのクレパスを五センチメートル転がした時に塗ることができる正方形の面積を求める式を知りたいのだ。それぞれの塗りつぶされた長方形と正方形が一平方センチメートルの方眼に置き換えられて表示されている。自然と、面積が、縦の長さと横の長さを掛け合わせることによって求められることがわかってくる。長方形の面積の公式がまとめとして書かれ、長方形や正方形の面積を求める練習問題が載っている。

ページをめくると、こびとのプールが現れた。面積が一万平方センチメートルと表示されている正方形のプールだ。面積やしきの庭に出たのだ。このプールの一辺の長さが「はてな」になっている。隣では、縦二メートル、横一メートルのドッジボールコートでこびとが遊んでいる。このコートの広さを平方センチメートルで尋ねられている。こうして、一平方メートルの単位が導入された。また、平方センチメートルと平方メートルの換算も学ぶ。そして、長方形や正方形の面積を平方メートルで求める問題を解く。

「さすが四年二組、よくここまで来られたな。だが、ここまでで終わりじゃ。ワシは面積やしきの主人の友だちだ。広さこぞうや広さアニキは、ワシが作ったロボットじゃよ。ワシは、小学校四年の時、面積がよくわからなかった。だから、簡単にできてしまうお前たちがニクイ！　ニクーイ！　さあて、この名刺の面積、わかるかな？」

問題の名刺は、長方形の一部が切り取られ、切符のような形をしている。そこに書かれているのは、「面積の問題で子どもをいじめる会　会長　ハゲチャビンスキー博士」。『バック・トゥ・ザ・フューチャー』のドク博士をもっとひねくれた風貌にしたような顔である。面積がわからなくて廊下に立たされている四年生の頃のイラストも載っている。このキャラクターは子どもたちにとてもウケた。名刺の面積は、長方形の面積を足し算や引き算で求めることになる。いろんな式が作れるので、授業も盛り上がった。

「みなさん、お久しぶりです。おやゆび姫ですよ。覚えていてくれたかしら？　この鏡、私のお化粧用なの。いったい、この鏡の面積、どれくらいかしら？　こんなに小さい面積を測る時には、一辺が一ミリメートルの正方形をもとにするのよ。私の世界はたいていこれ。一平方ミリメートル」

おやゆび姫が再登場して、持っている手鏡を紹介している。小さい面積の単位を学んだ後は、おやゆび姫の持ち物、ノートや下敷き等の面積を求める練習問題が付いている。

「へぇぇ、あんたたち、面積の勉強してんの。俺なんかさあ、やっぱ若いから、東京憧れて家出して行ったんだけど、むなしいよなあ。金もないし、友だちもいないし。今は、いなか帰って来て、毎日畑仕事してるよ。やっぱ、人間、汗水流して働くのが一番だよ、ほんと。ついでに言えば、俺の畑でできた面積にんじん、面積じゃがいもって有名なんだぜ。給食に出たら食べてくれよな。面積よくわかるぜ」

そう語っているのは、岩手県の山下ひでお君。彼の畑は、一辺が一〇メートルの正方形、面積は、一〇×一〇で一〇〇平方メートル、これが「ヘンシーン！」して一アールになることを示している。

「さて、久しぶりの登場、広さ家族のお通りだーい！　ふん、何が一辺一〇メートルの正方形の面積が一アールだ。それをバカの一つ覚えと言うんだよ。じゃあ、これは、一アールか？」

勢ぞろいした広さ家族が出した問題は、縦五メートル、横二〇メートルの面積。そして、アールを求める練習問題で一ページ。

「さて、面積やしきの全貌が明らかになってきました。空から見た面積やしき、こんなに広いのねえ。面積やしきの敷地、いったいどれだけの広さかな？」
面積やしきの敷地の地図が描かれている。敷地は、縦五〇〇メートル、横八〇〇メートルの長方形、何坪になるんだろう。広大だ。このページは、一辺一〇〇メートルの正方形の面積が一万平方メートル、一〇〇アール、それが変身して一ヘクタールであることを紹介している。

「面積やしきのあるこの市は、だいたい、縦三〇〇〇メートル、横四〇〇〇メートルの長方形と同じ面積です。面積やしきのあるこの市、いったいどれだけの広さかな？」
最後の単位は、縦一〇〇〇メートル、横一〇〇〇メートルの正方形の面積。一〇〇万平方メートルは一万アールで、一〇〇ヘクタール、これが変身して、一平方キロメートルとなる。面積の単元で学ぶ内容はこれで最後となった。そうして、終わりのページにはこんな登場人物が現れる。

「やあ、やあ、ようやっとここまで来たね。わしが、面積やしきの主人、佐藤久治じゃよ。まさか、ここまで来る者があるとはねえ。あっぱれ、あっぱれ。もう出口はすぐそこじゃ。とは言っても、ハイサイナラとすぐには出してやるわけにはいかんのじゃ。最後の問題、これができるかな？　できたら出してやるぞ。まあ、がんばってみるんじゃな。出口までの道の面積を求めよ」

最後に出てきたのは、私の父である。この年は、前にも書いた通り、四月に父は亡くなっている。まだ存命中の、初めて四年生を担任した時に作った教材であり、少し若いイラストになっている。この年は、最後のページを描き直そうとも思ったが、逆に、思い出に浸ることにした。問題は、迷路のようになった道の面積を求める。そして、ページをめくれば出口、そして、面積やしきの住人に手紙を書こうというおまけつきである。

今までに作成した手作り教材は、学年ごと、教科ごとのたくさんのファイルに収められている。ストーリーを考えたり、キャラクターを考えて絵を描いたりすることは、楽しみであり、醍醐味でもある。手作り教材が出来上がると、早く子どもたちにやってほしいとわくわくするし、反応がとても気になるものだ。問題は、作る時間をどう捻出するかであるが、長期休業中などを利用して、毎年、新しい作品を積み上げてきた。「面積やしきのたんけん」は、私の手作り教材の代表作の一つと言える。子どもたちが喜んで学んだのは言うまでもない。

社会科見学考

一、二年生に生活科が導入されて何年経ったのかな。

三年生になって初めて社会科という教科に接する子どもたち。社会科見学も、三年生から始まる。

三年生では、住んでいる区市町村について学ぶことが中心となる。役所や大きな施設を社会科見学では回ることになる。警察署や消防署、ゴミ処理場、市場、郷土資料館、議会場、スポーツ施設、文化施設、公園などが場所の候補地となることもある。社会科見学は遠足と違い学校行事ではなく教科なので、行政からバス代が出る。

四年生になると、都道府県が学習範囲となる。というわけで東京都について学ぶ。それ以外に、ライフラインも重要な学習内容となる。初めに水道について学び、次にゴミ処理を学ぶ。電気やガスについて取り上げることもある。そして、必ず取り上げられるのが、玉川上水。玉川兄弟の活躍を学ぶことは水道の勉強にもつながっている。

初めて四年生を担任した時には、玉川上水の羽村取水堰から新宿の四谷大木戸まで原チャリを走らせて、八ミリ撮影をして教材を作ったこともあった。多摩地域の学校では、社会科見学で羽村取水堰まで行って、玉川兄弟の像の近くでお弁当を食べるところもある。都心まで行くには、渋滞にできるだけかからないよう、かなり早い時刻に出発しなければならない。

初任の時の学校は下町だったので、東京湾の近くのゴミ処理場やガスの科学館、羽田空港などに行った。

最後の学校は副都心と呼ばれる区だったので、すぐに首都高に乗ることができた。退職の年とその前の年に四年生を担任していたので、二年連続で同じコースの社会科見学に出かけている。それは、日の出桟橋から船に乗って東京湾を航行し、その船が無料になる条件の建物を見学して、午後は中央防波堤のゴミ最終処分場まで行くというコースである。一回目の船は四校がいっしょに乗船した。私たちの学校が一番最初に集合したので、ちょうどレインボーブリッジの下を通る時にデッキに上がらせてもらった。下から見るレインボーブリッジの迫力は見ないとわからない。退職の年、船に乗ったのは私たちの学校だけ。いつでもデッキに出られるし、船内を自由に行き来できた。ある子が、こんなに気持ちがいい経験は生まれて初めてと叫んでいたが、私にとっても、社会科見学史上五本の指に入る経験だったかもしれない。最終処分場に立つ経験も、四年生の子どもたちには印象に残っただろう。

五年生になると、産業の勉強が中心となる。というわけで、社会科見学は工場見学が中心だ。自動車工場では、大規模なベルトコンベアで人と機械が車を組み立てていくのが見学できた。ビール工場では、ビンの洗浄やビールの注入の工程が窓から見られる。検査工程だけに人間が張り付いているが、あとは全部オートメーションである。ちなみに、工場見学にはたいがいお土産が付いてくるが、ビール工場では炭酸飲料をいただいた。学校で来ていなければ大人はビールを飲ませてもらえるはずだ。残念。

和紙を作る工場や、雛人形を作る工場に行ったこともある。こちらは職人の技をじっくり見る伝統工業の学習だ。数人しか働いていない小規模な工場である。

六年生の社会科見学は、定番は国会議事堂である。最後の学校で六年生を連れて行った時には、ちょうど本会議中で、本会議場の中に入れなかった。何か重要な法案の審議だったはずだ。国会議事堂に入る時に、道路の反対側の歩道で法案反対の集会を開いていた集団に、組合の知り合いを見つけて手を振った覚えがある。なんの法案だったか思い出せないが。参議院では、ボタンで採決する経験もした。

六年生は、他に裁判所にも見学に行く。そこで、模擬裁判を経験する。裁判長役、被告役、検察、弁護士、証人、台本に出てくる役になる子を決めて演じてみるのだ。私が担任したクラスはだいたいノリがいいクラスになるので、立候補で役が決まるし、それなりに当たり役を選んでくれる。そして、演技過剰なくらいになり切って盛り上げてくれるのだ。即席の舞台で楽しませてくれてありがとう。

あとは、新聞社に行くことが多いかな。

この年の社会科見学については、一〇月二九日の学級通信に特集されている。

「いっぱい見てきたね、社会科見学

一〇月二七日、月曜日、とてもよい秋晴れの天気の中、社会科見学に行ってきました。朝の早い出発で、途中、事故渋滞もありましたが、ほぼ時間通り首都高速を進み、都庁や東京タワーを眺め、レインボーブリッジを通ってガスの科学館に到着しました。コンパニオンのお姉さんに案内されてクラスごとに見学。二組は初めに情報ステーションで、ひとり一台のパソコンを使ってゲームやクイズに挑戦しました。

次に、ガスについての基礎知識を教わりました。ガスが何から作られるか、どんな風に採掘され、輸送されるか、どんな性質があるか。天然ガスの性質を知るのには、裕二君がお姉さんと大画面に登場、いっしょに捜査してくれました。また、マイナス一六二度の硫化天然ガスの実験では、じゃんけんに勝った松本さんが、バラやカラーボールをつけて凍らせ、粉々になるところを見せてくれました。これはみんな驚きましたね。ガスを送る圧力を作り出す実験では、クラス全員でポンプを押したりハンドルを回したりして頑張りました。

その後、展望台に上がって見物、一階の展示を見た後、テクノスタジオでガスに関するクイズをしました。なんと、全問正解は、福山君、聡君、マユミさんの三人だけでした。炎色反応を利用してのショーもきれいでしたね。館内でお弁当を食べた後、船が来るまで芝生で鬼ごっこをしたり、遊具で遊んだりしました。とても気持ちのよい時間でしたね。

ガスの科学館の前から海上バスに乗船しました。他に乗る人はいない貸し切り状態、はしゃぎすぎて操縦士のおじさんにマイクで注意されたこともありましたが、レインボーブリッジをくぐり、潮風を受けて走る船の上で右に左に場所を移しては、写真を撮ったり手を振ったり、カモメに歓声を上げたりしました。およそ一時間の船旅でしたが、ウォーターフロントの様子が一望でき、清々しい気分で下船しました。日の出ふ頭からは先回りしていたバスで、行きと同じコースで帰途につきました。ほとんど渋滞に合わず、予定時刻よりずいぶん早く、三時過ぎには学校に着くことができました。バスにも船にも酔うことなく、みんな元気に行って帰って来ることができました。ここで見てきたこと、聞いてきたこと、感じたこと、体験したことをたんけん新聞にまとめます。これは、宿題になっているので、しおりにメモしたことを中心にしっかりまとめてください。」

「コーヒーブレイク
今日の社会科見学はとっても楽でした。費用が市から出るので、会計の面倒もなく、バスも三台頼めてゆったり行くことができました。ガスの科学館の見学も、コンパニオンのお姉さんは慣れたもので、こちらは全然気を使う必要なし。お弁当の後、外で遊ぶ時間もあったし、目の前から船に乗り、降りたらそこからバス、というわけで集合させて並ばせて、引率しながら歩くということもなし。子どもといっしょにバスや船から東京の様子をゆっくり眺め、ガスの科学館ではパソコンもクイズも見学もいっしょに楽しむことができました。みんな元気だったのもほんと助かりました。」

次の号には山田さんのたんけん新聞を紹介している。

「昔の電灯はガス？
私は一〇月二七日にガスの科学館に行きました。まず、昔は電灯にガスが使われていました。昔は暗いため、ガスを使って電灯を明るくしていました。昔の人にはその電灯が役に立っていました。今の私たちにとっては、昔の電灯は暗く感じるのです。今の電灯はガスではないのです。
都市ガスのもとは化石燃料

私はこの話を聞いてびっくりしてしまいました。ガスは何から作られるかというと、大昔の植物が長い年月をかけて石炭になったように、恐竜などの動物の遺体が変化して化石燃料となります。化石燃料には、石炭、石油、天然ガスがあり、今は主に天然ガスが都市ガスの原料です。

ガスの不思議

炎の色が変わった実験をしてきました。色を変える物質の水溶液スプレーをガスに吹きかけたら、赤や黄色や緑のいろいろな色に変化しました。」

さらに、次と次の号にも、たんけん新聞が紹介されている。川添君の新聞は、紙を継ぎ足しての大作だった。

「ガスの科学館～天然ガス

天然ガスは、地下数千メートルととても深い所にあります。天然ガスを探す方法は、人工衛星や飛行機で探す。掘り出す時は、音波や磁力を用いて地下の状況を調べてドリルで掘っていくそうです（ドリルには工業用のダイヤモンドが付いているのもある）。

天然ガスの液化と運搬

掘り出された天然ガスは、冷やして液体に変えてタンカーで運ぶ。液体に変えた方が体積が小さくなるそうです。タンカーの中は魔法瓶のようになっている。マイナス一六二度まで冷やし、体積が百分の一になった液体の天然ガスＬＮＧ液化天然ガスという。タンカーに積まれてきた液化天然ガスは日本のＬＮＧ基地へ。タンカーからパイプを通ってタンクに入り、海水を浴びて気体に戻ってにおいを付けられれば都市ガスの出来上がりです。

船に乗った感想

いろいろなものが見えてよかった。レインボーブリッジや台場とかいろいろ見えて楽しかった。騒いでる人もいたけど景色がよかった。

バスから見たものの高さと長さ

都庁の第一本庁舎の高さは二四八メートル、四八階建て、第二は一六三メートル、三四階建てだそうです。新宿のビル街に初めて建てられたビルは、京王プラザホテルだそうです。レインボーブリッジの長さ七九八メートル。」

子どもたちに言わせれば、社会科見学は楽しいけれど、後で新聞にまとめるのがなければな、というところかもしれない。教師の側からすると、みんなが完成させた新聞を廊下に張り出す時の達成感がなかなかなのだけれど。

私も工夫する。できるだけ新聞が書きやすくなるように、五種類くらいの割り付け新聞用紙を印刷して用意した。見出しの工夫や、図表やイラストの挿入をアドバイス。カラーペンや色鉛筆で美しく。マンガやクイズで興味を引く紙面を作る子も出てくる。

そして、作文や新聞作りが苦手な子には個別指導でとにかく完成させる。わずかにメモされたしおりの言葉を、何とか誘導尋問のごとく膨らませ、もらってきた資料の中から書き写しやすいものを選んで、これどう？　といろいろ提案。褒めて、時間内に完成させる。居残りや宿題にならないように。

私自身が、学級通信やら家族新聞やらを出していることも、子どもたちに影響することがあるようだ。初任の時、「たんこぶ」という学級通信を出していたが、「こぶたん」という通信を作ってくれた子どもがいた。新聞作りを楽しみにしてくれる子たちが増えて、学級の文化になると、うれしい。

展覧会

一九九七年一一月一二日の学級通信「展覧会せまる！」

「いよいよ、金曜と土曜が展覧会です。大変になってきました。水曜日の朝には、展覧会アピール集会がありました。四年生の代表として、篠原さん、アヤカさん、福山君が出て、四年の作品の紹介をコント風に発表してくれました。

さて、体育館の方は、作品の展示が進んでいます。四年生は、舞台を中心に左右のスペースも含めてメイン？の場所でちょっと大変です。平面作品の砂絵はとても重いので、月曜日に試しに一列だけつるしてみました。今のところ落っこちてはいないので大丈夫そうです。

火曜日には、立体作品のうち、いくつかのロケットとＵＦＯを舞台上につるしました。テグスでライトに結びつけるのですが、結ぶ場所が見つからなかったり、作品の一部が取れてしまったりと、大変な作業でした。舞台上のバックの壁にはテーマが大きく飾られました。この後、舞台の上を宇宙空間に変身させ、未来都市を建設しなければなりません。平面作品もつなげて張り出さなければなりません。ちょっと明日が大変そうです。

子どもたちの作品は、平面は『未来へ飛び立とう』と題して宇宙の絵を砂絵用紙に絵の具で描いています。おもしろい効果が出ていました。その周りは、銀色の台紙をカッターで切り抜き、セロハンが貼ってあります。いろんな模様やローマ字などが縁どられていま す。立体は、ペットボトルや空き箱で、宇宙船や宇宙基地を作りました。銀色のスプレーがかけてあるので、メタリックな雰囲気が出ています。舞台全体が一つの未来空間に見えれば成功。ライトも工夫して演出する予定です。お楽しみに。」

一一月一五日の学級通信「展覧会もうご覧になりました？」

「さあ、今日の三時までです。見ていただけましたか。四年生は舞台上とその周辺という位置。メインのテーマを飾る宇宙基地は、ライトの効果や蛍光インク、メタリックな塗装などで、宇宙空間や未来都市の雰囲気を出しています。金曜日に四年生が見学した時に、一度会場の電気を消してみましたが、窓からの明かりであまり変化なし。そこで、片付けの日、月曜日の朝に、一度暗幕を閉めて見てみようということになりました。もしよかったら、月曜日九時頃に会場にいらしていっしょにご覧になりませんか。ぜひ、感想もたくさんお寄せください。」

その時の様子をアヤカが絵日記に書いている。

「てんらん会を見に行ったときに、体育館のカーテンをしめて電気を消してみた。そうしたら、後ろのバックがけい光ペンでかいてあったので、光っていました。いろいろな所から見てみました。が、やっぱり、電気を消すと四年生が一番上手できれいに見えました。」

あっちゃんの絵日記は傑作である。

「フフフフフフフフあつや天才すごいさまの作品はすごいんだぞ。その①つりいとがあってほかのうちゅうせんにまいて、ぎゅっとひっぱればその分かざれる。その②はりがついててザクとやりまくったらどこかがこわれてしまう。③はひみつだけどおしえるよーだ。こたえはこれをさかさによめ（くばじ！）わかったか、こたえはじばくだー、でもいまはけんきゅう中。」

いやあ、意味不明である。でも、あっちゃんがこれだけの文章を書くことはなかった。とても満足した作品ができたことはしっかり伝わってきた。

展覧会は隔年で行われることが多い。私が経験したのは、学芸会と展覧会、音楽会と展覧会、学習発表会と展覧会の隔年実施である。学校によっては、学芸会と音楽会と展覧会を一年ごとにやっているところもあるようだが、高学年で学芸会ができない学年があるのはちょっと、という先生もいた。

一般的に、展覧会は図工作品が中心に展示される。家庭科の作品や書道の作品が展示されることもある。基本、その授業を担当している教師が作品の指導をすることになる。もし、自分のクラスの図工の授業を専科の先生が担当していたら、どんな絵を描かせるか、立体作品は何にするかを決めるのは専科の先生で、指導をするのも専科の先生ということになる。担任は楽と感じるだろう。その授業を担任が教えているのなら、すべて担任が指導することになる。

専科の先生が何人いて何の教科を担当する、何年生を担当するというのは、実は学校によってかなり違う。教職員定数はその学校の学級数をもとに算出され、小規模校では専科の先生の人数も少なくなることになる。ちなみに、文科省の基準が決まってはいるものの、都道府県ごとに教職員定数を定めているので、地域で多少の違いが生じている。正規教員が少なくて臨時採用で補っている県、免許がない教科も担当させられている県の話を聞いたこともある。東京都は比較的恵まれていると言われていたが、それでも、養護教諭の配置基準が、文科省は児童数を基に算出するのに対して東京都は学級数を基準に算出するため、国基準なら複数配置のところ、都の基準ではひとりしかいない問題なども出ていた。一校一名配置されなければいけない事務職員が五〇〇名も足りていないと、都教委への交渉に臨んだ経験もある。

教職員定数の改善は、組合運動の要求の大きな柱であり、言いたいことはたくさんあるが、ここは専科の先生の話に戻すことにしよう。

まず最初に学校が置くのは、音楽専科だろう。高学年から配置するので、学級数が多いと低学年は担任が教えることになる。私は大学時代の音楽教育のピアノの単位を『あわてんぼうのサンタクロース』一択の伴奏で乗り切ったことはすでに紹介したが、小学校の免許は音楽も体育も家庭科も、全教科の小学校教育という授業があって取りこぼしはできない。

いよいよピアノのテストがある学期末、クラスでピアノを習っていないのが私を含め三人だけになっていたことを知り愕然としたのだが、多くは直前になってピアノの先生の門をたたきバイエル教本を携えることになったというのだ。軟弱者ども、とまるで似合わない男子を軽蔑しつつ、学校のピアノ室で二年生の教科書にある『あわてんぼうのサンタクロース』の伴奏だけを繰り返す。数曲の中から自分で選んだ曲一曲を先生の前で弾ければいいというのが私のテストだった。ところが、別の先生は、バイエルの数曲を指定し、テストは当日その中から指定した曲を弾かせるというではないか。軟弱者やむなし、そっちの先生でなくてよかったあ。

体育も、水泳の単位が人によっては鬼門となる。私も夏休みには友だちとプールに出かけたが、私たちの時には小学校で教えるのがクロールと平泳ぎと潜水と飛び込みで、大学の冷たいプールでそのテストに合格しなければならない。私は泳ぎには苦労しなかったけれども、こちらも大学生になってから水泳教室に通う子が何人かいた。潜水では推進力のない泳ぎでおぼれかけていた子がいたし、飛び込みはほぼほぼ腹打ち落下。五〇メートルは泳げなければならないので、プールサイドで応援した。このテストも担当する先生によって基準が違ったらしい。別のクラスではクロールも平泳ぎもそれぞれ五〇メートルを泳げないと合格にならないらしい。幸い、私のクラスは、クロールと平泳ぎを合わせて五〇メートル泳ぎ切れればいい。私は、飛び込んで、クロールを二五メートル、平泳ぎを二五メートル泳いで合格したけれど、中には、アップアップのクロールを五メートル、平泳ぎを四五メートルという子もいた。これは、クロールが泳げるというのか？

専科の先生の話からまた脱線した。社会科専攻の私たちはこんな感じだが、もちろん、音楽専科も体育専科もちゃんと専門的な教育を受けた人が担っている。そして、専門性が一番必要であろうと考えられる音楽専科をまず配置しようというのは当然だろう。最後の学校には吹奏楽部があり、その指導も音楽専科が担当していた。全科の教師にはとてもできない。私に音楽を教えられた数クラスの子どもたちには申し訳ないとしかいうべき言葉がない。

音楽の次に多いのは図工の専科であろう。それは展覧会の存在も大きいのではないか。もっと専科の先生が配置される学校では、家庭科や理科の先生がいることもある。この二つの教科は特に授業準備がたいへんなので、いてくれるとたいへんありがたい。最後の学校では、理科の先生からたくさんのことを学ぶことができた。

専科の先生の話をし出したらきりがない。もう数え切れないほどの先生にお世話になった。エピソードもたくさんあるが、別の機会に譲ることにして、いいかげん展覧会に戻ることにする。


この学校での初めての展覧会は、もう何年もこの学校にいるベテランの図工の先生のもと、担任は補助的な役割を果たし、あとは学年掲示で作品の紹介などをすればよく、もともと掲示物には自信のあった私は、楽しみながら仕上げることができた。一つの世界観を持って体育館という空間を演出するその先生を、私は尊敬していた。そして、家庭科や書写といった作品がない、図工作品だけの展覧会は、その年が最後となった。

時代の流れもあったのかもしれないし、先生が変わったことも要因ではあると思う。二年後、この学年の子を持ち上がり六年生になった時の展覧会は、図工作品だけでなく、家庭科の作品と書写も展示することになった。

書写は、一、二年生が硬筆、三年生以上が毛筆の作品を展示、担任が指導する。家庭科は、やはり、専科教員がいなかったので、五、六年の担任が指導することになった。ちなみに、その前年までは家庭科の先生がいたのだが、三クラスが二クラスに減った関係で先生が減ることになってしまったのである。そして、ベテランの先生が転任した後、家庭科の先生であった方が図工専科に回っていた。

私は六年一組の担任となり、二組は赤池先生、教科を持ち合うことになり、家庭科は一組も二組も私が教えることになっていた。

かくして、二回目の展覧会前はかなり違った様相となった。

家庭科では、六年生はエプロンを作るというのが多い。たいがいは、教材会社がエプロンのキットをいくつか持ち込み、好きな柄の生地を選んで生徒が注文することが一般的だ。流行のキャラクターものとかがあり、ポケット用の生地や型紙、ひも、作り方がセットになっている。ただし、家にある布を用意することもできる。独自のものを作りたい子や、教材申し込みができない子などもいるので、こちらでもいくつか布や型紙を用意した。

四〇人の学級で、家庭科を指導するのは大変である。数台しかない電動ミシンはしょっちゅう糸が絡まり、針が折れて使えなくなる。エプロンを、穿いていたジーパンごと縫い付けていたヤツもいる。隣のクラスも含め、八〇人のエプロンが、展覧会までにエプロンに見えるように仕上がらなくてはならない。ミシンは家庭科指導のネックと言える。パソコンのように一人一台あればいいが、五、六台がいいところ。前任校で家庭科を教えていた時は、家庭科準備室にたくさんしまってあった足踏みミシンを引っ張り出して、何人かに教えたこともあった。運動神経のいい男子はコツを覚えて使いこなしていた。

図工は専科の先生に任せて、と思っていたら、何人か、終わりそうもないと報告が入った。平面作品は校舎内の水彩スケッチ、立体作品は新聞や雑誌を入れる木工作のラック。校庭に散ると二時間絵を描かずに遊んでいるヤツがいるらしい。ほぼ毎日遅刻の裕二は、手つかずの板が待っていた。

私にとっては空き時間であるはずの図工の時間に、遊んでばかりの男子の隣でいっしょにスケッチを始めた。お昼に裕二が登校すると、アヤカといっしょに図工室に連行して、電動のこぎりで裁断するところから指示してやらせ、昼休み四回分で完成にこぎつけた。

それにしても、校舎内で写生をすると必ず数人が体育館の扉の絵を描くのはいただけない。時代も地域も違う学校で必ず出没する体育館の扉の絵は、一番おもしろくない絵だと思っている。

遡って初任時代、三年生を担任し図工を指導しなければならず、どんな絵を描かせたらいいのか図工の先生に相談したことがある。その時に教えられたのは、歯磨きをしているところ、とか、リコーダーを吹いているところを描かせてみるといいということ。腕を曲げて顔の前に持ってくる表現には、肩から手が出ている、ひじや手首で曲がる、手が体に重なる、指を表現するなどの難しさがあり、そこで、しっかり見て表現する力をつけさせると理解した。三年生には、そういう力を指導しなければならないと。なるほど、下手な絵を描く芸能人にはできていないことだ。

うまく描けない子は悩んで試行錯誤していたが、絵を教える視点を学ばせてもらった印象深い指導であった。ところが、こういう絵には力の差が作品に出てしまう。いつの間にか、展覧会に出す絵は、出来栄えに差がつかない題材にする傾向になっていった。それは、図工の教科書で扱う題材にも言えることではないだろうか。

その後、低学年を担当した時に、宇宙基地を創った。図工の先生のアドバイスありの、担任指導である。空箱やペットボトル、ラップの芯などを組み立て、未来の世界観を銀色のスプレーを吹きかけて表現する。敷地面積は三〇センチ四方の板で共通なので、上へ上へと積むのだけれど、見栄えをよくしたい学年主任の先生が、とにかく高い作品を作らせていた。もう、子どもの背丈を超えている。図工の先生が、さすがに、そんなにスプレーは使えないと指摘したらしく、今度は上層階を撤去し始めた。体育館で見たその様子は、宇宙基地を破壊する怪獣を連想させたが、子どもは誰も文句が言えなかった。

そこまで行くと笑い話になってしまう。それでも、展覧会や学芸会、運動会に至っても、実は指導する教師の力量を示す場であって、学年間、担任間の競い合いはよくあること。それが学校行事の質を高め、文化的価値を創り上げていることも間違いないのだが。

学校行事で子どもとともに唯一無二の発表をする、かく言う私も行事に命を懸ける教師の一人だった。素人の手作り文化なればこそ、その時出会った子どもたちと教職員にしかできない表現や空間や舞台がある。それは、一日や二日だけ存在する輝かしい瞬間だったと思い出す。

「お楽しみ会」という学級イベント

学級づくりを進める上で大事にしていることはたくさんあるけれど、いわゆる「お楽しみ会」は、どこの地域、学校でも、どの時代でも、学級の文化として存在してきた。私が子どもの頃にも、学級でグループごとに出し物をする会とか、ゲームや遊びをした時間が存在した記憶がある。

教師生活を振り返れば、数えきれないほどのお楽しみ会を開いてきた。学級通信にすべて載っているはず。奇抜な会をたくさん開いてきた記憶がある。だいたいが、思いつきをすぐに口に出していたり、子どもの発想をそのままやることにしたりして、若い時には管理職に怒られたり、保護者に呆れられたりしたこともあった。

一回だけの企画もたくさんあった。まずは、よくやっていたお楽しみ会の紹介をしてみよう。

新年度、「学級びらき」は最重要のイベントである。このクラスでの学級行事を、学級びらきまで遡って辿ってみたい。

小学校の始業式と入学式は同じ日にあるのが普通で、始業式の後、学級の子どもたちとは教室に入らずに、二〇分ほどの顔合わせとなる。下駄箱を教えて、上履きを入れて、次の日の予定や持ち物を伝えて、何枚かの配布物を配ると追い返すようにさよならをしなければならない。すぐに入学式の準備にかからなければならないからだ。そこで、必ず、学級通信第一号を配布する。そこに、次の日行われる「学級びらき」のプログラムを載せるようにしてきた。四年二組の学級通信第一号には、自己紹介と、四年二組のメンバーの名前、明日と明後日の予定、「コーヒーブレイク」と題したコラムが載っている。明日の予定はこうだ。

「①机と椅子を決める、②班を決める、③みんなにアンケート（どんなクラスにしたいか、どんな係を作ったらいいか、クラスでどんなことをしたいか、自分のコマーシャル）、④二組がんばろう会（はじめの言葉、ゲーム「なんでもバスケット」、団結おどり、終わりの言葉）

この日は、授業が二時間だけとなっていた。今は授業時数確保のために二日目にはもう給食が始まっている。この日は、二時間指導した後、例の顔振峠実踏に出かけることになっていた。

ちなみに、その次の日は、学級会で学級目標と係を決め、国語と理科、大掃除の予定となっている。

がんばろう会は、私の教師生活後半の形と言えるかもしれない。若い時には、くす玉を用意して割ったり、歌ったり、いろいろと研究会で仕入れたアイデアを取り入れたが、だんだんと落ち着いてきた。

はじめの言葉、終わりの言葉は、直前に「だれか言ってくれる人？」なんて声をかけると、たいがい、やってくれる子がいるものだ。教師に協力的な子やノリのいい子を見つけることができる。

「なんでもバスケット」というのは、「フルーツバスケット」の応用で、お題に合致した子が席を変わるというゲーム。時期に合わせてテーマを決めることもある。二学期はじめのがんばろう会なら、「夏休みに関係あること」という縛りでお題を出すことにしたり。「夏休みにプールに行った人」「夏休みの宿題を手伝ってもらった人」そんなお題でそれぞれの夏休みを知ったりする。

団結おどりは、初任の頃に「ひまわり学校」でお世話になった先生から教わった。どこかの原住民の踊りといった雰囲気のものだ。その歌詞は、

「ハイズカズンバズンバズンバ　ハイズカズンバズンバズンバ
ハイズカズンバズンバズンバ　ハイズカズンバズンバズンバ

エンヤラヤ　エンヤラヤ　アワワワワワ　ワ！」

これに、単純な振りがついているのだが、一回踊ると、すぐに二回目を始め、だんだんとテンポをアップして繰り返すというもの。教師が率先してやれば、いっしょにやってくれる子はけっこういるものだ。恥ずかしがってやらない子、あきれて外側から見ているだけの子がいてもいい。退職まで、受け持ったすべての学級で団結おどりをやり抜いた意地の実践である。

退職前、学級づくり学習会の講師を頼まれた機会には、若い先生に団結おどりを伝授し続けた。どこかの学級で引き継がれていればうれしいのだが。

学級通信で、お楽しみ会の記事を探してみた。すると、五月二七日に、小さなコーナー記事を見つけた。

「お楽しみ会

五月のお楽しみ係が、おやつ作りの会の計画を立ててくれました。五〇円集めます。よろしく。

★五月二九日五時間目、家庭科室にて

★フルーツホットケーキ、ヨーグルトドリンク

★持ち物　お皿、コップ、フォーク、スプーン、ふきん、ビニール袋、エプロン、三角巾」

五月三一日の学級通信には、その会の報告が載っていた。

「おやつづくり

五月二九日の五時間目は、お楽しみ係が計画して準備した『おやつづくり』でした。班ごとに家庭科室で、ホットケーキのフルーツ添えとヨーグルトジュースを作りました。一時間しかないので、休み時間から用意を始めました。ホットプレートを使ってのホットケーキは、ちょっと黒くなったり、つながって大きくなっちゃったりした班もありましたが、どの班も協力して作ることができました。ヨーグルトジュースは混ぜるだけですが、なかなかおいしくできました。食べるのも片付けるのもあっという間で、時間内にちゃんと終えることができました。」

このお楽しみ会は、班ごとに担当している係活動として、お楽しみ係が主催となっている。先生が提案して開く方法、班長会で企画立案して学級会に提案して決定する方法などもある。

それよりも注目すべきは、食べる活動をしていることかもしれない。

ある時期から、家庭科の調理実習以外に食べ物を食べる活動はしにくくなった。食中毒の心配という理由だったと思う。それからは、授業の中で食べる活動を取り入れるか、あとはこっそりやるしかない。

算数の時間、分数で物を分ける活動をする時には、食べられる物を教材にする。割合の学習で、希釈を学ぶ時はカルピスを薄めて飲んでみる。授業の結果、カルピスは表示された希釈率より濃い方が子どもたちの好みだということがわかった。

ちなみに、次の学校での希釈実験の時、調べてみたいものを持参してきていいと言ったところ、めんつゆを持ってきて、ざるそばを食べていた女の子がいたことはもう書いたのだったか。あっぱれ。こういう授業は決して忘れない。

低学年なら生活科で、高学年なら家庭科で、いろんな工夫をした。もぐりで食べた例は、やはり秘密にしておこう。

次は、六月二一日の学級通信。浜中君は、大阪に引っ越すことになっていた。

「浜中君のお別れ会

浜中君にはないしょで、みんなでお別れ会をすることを決めていました。こっそりお楽しみ係がプログラムを作ったり、みんなで手紙やプレゼントの用意をしたりしていました。

二〇日の四時間目、突然、浜中君のお別れ会を始めました。初めの言葉はマユミさんとナナコさん。その後、体育館で王様陣取りをしました。本当は、五時間目に校庭のすみを借りてやるはずだったのが、四時間目に体育館が空いたのでよかったです。教室に戻っておやつタイム。お楽しみ係の人がみんなにクッキーを作ってきてくれました。とてもおいしかったです。浜中君に、みんなが書いた手紙とそれぞれのプレゼントを渡しました。プレゼントは、浜中君の思い出の品になるように、買った物でなく手作りの物か自分が使っていた物をあげようと決めていました。ここで四時間目の終わりになり、給食の後は台風のためみんな下校になってしまいました。五時間目にお別れ会をしなくて本当によかったですね。まだ、ゲームや終わりの言葉が残っていたので、あした続きをすることにしました。すごい雨の中を、浜中君は、みんなのプレゼントを大事そうに持って（明日にしたらと言ったのに）帰りました。」

七月一九日にも通信にお楽しみ会の報告が載っている。それについては、「夏、プール、一学期の終わり」で述べた。かき氷を食べたり、水鉄砲合戦をしたりしたお楽しみ会だ。

二学期のスタートに、「二学期がんばろう会」の予定が学級通信に載っていたが、報告はなかった。

学級通信に、その次登場したのは、一〇月のお楽しみ係が計画した「バザー大会」。くじや輪投げ、ゼリーのお店など、四人組で出店していたようだ。これが「お楽しみ会パート一」と紹介されていて、「お楽しみ会パート二」が学級ＰＴＡ行事と続いている。一一月一日土曜日の午後、保護者のみなさんに教わりながら豚汁とどら焼きをいっしょに作り食べる。その後、教室でゲーム大会。班対抗で、割りばしを使っての輪ゴムリレー、ばらばらの平仮名でメニューを考えるゲーム、ちょうど二キログラムの物を集めるゲーム、草かんむりの漢字を集めるクイズというプログラムだった。子どもも保護者も、お楽しみ会を企画運営できる私のクラスらしいエピソードだと思う。

一二月二四日、「クリスマス会」である。これも学級通信で紹介しよう。

「二四日はクリスマス会。お楽しみ係の川添君、佐竹君、荒井さん、篠原さんの進行でスタート。隆介君と土屋さんが初めの言葉を言いました。一時間目は校庭をとってあったので、二つのグループに分かれて『サンタさん陣取り』をしました。王様陣取りのルールで、王様役がサンタの帽子をかぶっていました。その後は『ドロ警』。一時間目は外でしっかり遊びました。二時間目は、教室に戻って仮装大会です。衣装を忘れた子もいましたが、いろいろと準備してあった子が多く、おもしろかったです。『魔女の宅急便』のキキとジジにふんした篠原さんと荒井さん、着ぐるみでペンギンになっていた岸井君、須藤さん、ポケモンに出てくるキャラクターになった青山さん、土屋さん、花巻さん、サキさん、松本さん、マユミさん。アクセサリーを身につけてお姫様のような中山さん、海老塚さん。ヨーヨー名人になった村井君。はじめは恥ずかしがって着なかったのに、実はツリーのような飾りをつけた服を用意してあったのは隆介君と崎山君。みんなですすめて着てもらいました。東野君も、怪獣のようなウェアを持ってきていたので、着てもらいました。松下君と福田君はモグラの真似をしていました。川添君も、何やら新聞紙をくっつけていたのですが、途中で取ってしまいました。みんなの姿を写真で撮っておきました。髪を染めたり、耳や髭やしっぽを作ってつけたり、TシャツにロケットウR団のRのアップリケをつけたり、テープに合わせてアトラクションを見せてくれたりと、よく工夫していましたね。ちなみに、私は、阪神タイガース応援団の法被とハチマキをしましたが。音楽をかけて踊ったりして、いつもと違う雰囲気を味わいましたね。終わりの言葉は中山さんでした。二学期の最後を、みんなでにぎやかに過ごすことができました。ツリーも飾ってあったんですよ。」

と、こんな調子でお楽しみ会をやっている私は、きっと、他の先生よりたくさんやってきたと思う。三学期も、「三学期がんばろう会」に始まり、最後のお楽しみ会計画は、こんな呼びかけで始まっている。

「人がやりたいというものに、多少、付き合ってあげたら？　自分のやりたいものも結局できなくなるよ」

学級会の話し合いでたくさんのアイデアが出たものの、参加希望が少なくてボツになっていた経過があった。そこで、ボツになった企画も、過半数の賛同を組織できれば復活ということになった。その結果、学年末のお楽しみ会として、映画会、遠足、キックベース大会、宴会、ピクニックの五つが復活した。それぞれ呼びかけた子が原案を作り、学級会に提案しなおしたのだった。

映画会の発案は私、『グーニーズ』を見ることになった。教師生活で『グーニーズ』は何度も見た映画である。

遠足は、学区域にある「東大農場」に行くことになった。東京大学の実験農場が市内にあって、当時は学校から見学に行くことができた。ポコペンや鬼ごっこ、林の中の探検、虫や木の実や石を探したり、お茶を飲んだりと、のんびり自然の中で過ごしてきた。

キックベース大会は、さっそく係が四チームを決めたそうだ。こうした大会は、スムーズにできる力がついている。リーダーとフォロワーがしっかり育っている。

宴会は、カラオケで歌ったり、コントをしたりする会だという。カラオケをやりたい女子とお笑いをやりたい男子が合流しての会になった。ランチルームに放送室のマイクとスピーカーを持ち込んで、歌ったり踊ったり。私も二曲歌ったと学級通信にある。何を歌ったのか全く記憶にはないが。コントは三組出演し、なかなかにウケていた。お菓子と水筒の飲み物があって、それなりに宴会らしい場となった。お菓子を学校に持ち込むのは、だんだんとできなくなってしまったが。

ピクニックは、いちょう公園まで行って遊んでくるという。子どもたちがよく行く公園である。他愛ない企画も、みんなで盛り上がる学級となっていた。クラス替え前に、残り少ない日々を惜しむようにお楽しみ会を重ねた三月だった。

三五歳になった彼らと

二〇二三年四月一四日、一彰から電話がかかってきた。久しぶりである。

その電話の内容は、思いもよらないものだった。

「昨日、川添康太から電話があって、多分、先生にも電話すると思うから先に伝えておくね。先生の電話番号を聞かれたから、教えちゃったけどいいよね。実は、康太が病気で余命宣告されたって言うんだよ。それで、今までお世話になった人とか、しばらく会っていない人に会おうと思ってるんだって。一応、五月三日に会うことにしたんだけど、誰か声を掛けられる人がいるかな」

「そうなんだ。私も三日なら大丈夫。アヤカと青山さんだったら連絡がつくと思う」

「こんな事情だし、急だし、あんまり大勢じゃない方がいいかなと思うから、一〇人前後かな」

「二人には、連絡がつく人にも誘ってもらうよ。フェイスブックでメッセージ送れる人もいるね。隆介のメールはつながらなかったなあ」

「じゃあ、誘った結果をまた連絡するね。先生にも電話あったらメールして」

「わかった」

アヤカとは、ずっと交流があった。結婚式にも呼んでくれた。一年前に、娘のことで会って相談に乗ったこともあった。娘はたいへん賢く、アヤカと同じ、オリンピック選手を目指す才能豊かな子である。担任の問題ある指導で不登校になっていたが、親子で懸命に闘っていた。娘が教育委員会に宛てた手紙を見せてもらったことがある。なんと真っ当で論理的な主張ができる小学二年生だろうと驚いたのだった。

青山春子は、数年前、同窓会の幹事をしてくれた。たくさんの同窓生とつながり、行動力がある明るく頼りになる教え子である。他に、フェイズブックでつながっている教え子もいた。

川添康太からは、翌日に電話がかかってきた。どんな風に接しようと考える間もなく、でも、考える必要もなく、たくさんの話をした。私の記憶では、康太は、途中で九州に引っ越したと思っていたが、それは中学校の時だったのか。そういえば警察官の官舎に住んでいたはず。前に同窓会をした時、康太は参加していなかった。会うとしたら小学校卒業以来かもしれない。

彼は、自衛官になったという。東日本大震災の時に被災地で働いた。その時、両親を津波で失いひとりになった少年を引き取って育てているという話も聞いた。かなり年上の奥さんがいることも。今は、自衛官ではないようだが、東京には住んでいない。今回も、名古屋あたりから出てくると言っていたのだったか。震災の時に引き取った子は大学を出て、彼のもとを巣立っていったそうだ。

余命宣告は、医者になっている兄からされたという。一年とは言われたけれど、外国では治療法の研究が進んでいるらしいとか、いくつかの希望もある。今までいっしょに働いた人や、友だちに会いたいと思って、連絡をとっている。連休中に東京に行く。先生が今やっている活動を一彰から聞いて、自分も調べてみた。もし、自分の経験を子どもたちに話す機会をつくってくれるなら、役に立てると思う。そんな話もしていた。

五月三日にぜひ会おうと電話を終えた。

その後、一彰ともう一度電話で話した。参加できる人を募る。さっそく、アヤカと春子に連絡を取ると、つながりがある同窓生に連絡してみると言ってくれた。一彰は、参加者のラインを作ってくれることに。

数日のうちに、ラインに加わってくれたのは、アヤカ、春子、聡、小池裕二、花巻さん、福田君、荒井さん、健治郎、宮下君、そして、一彰、康太、私である。他に、声がかかった下地君、勇太から、ライン上で、仕事で参加できないがよろしくとメッセージが届いている。また、五月三日が都合がつかないという秀樹のために、春子は、秀樹と康太が参加する飲み会をセッティングしたりもしてくれた。春子は、電話でも康太と三時間話してくれたそうだ。ラインでも、「康太かわらない」と盛り上げて、みんなにいつもと同じように接することを求めていた。みんなが上手に気を使って康太を受け入れていることが伝わった。康太は、四月三〇日から五月五日まで東京にいるという。その間に連絡を取ってくれた子もいたのだ。

康太は、ラインの中でこんなことを言っていた。

「まあ、基本的には元気な死にかけのおっさんです」

それに対して、春子が、

「やめろ！　笑。みんなツッコミづらいわ」

と応じると、

「やっぱり（笑）。こんな冗談くらい言わせてよ。本当のことなんやからさ（笑）。だから今も必死で生きるのさ。奇跡なんてもんは今を必死で楽しんで生きたものに与えられるものなんだよ。

昔からおしゃべりですからしゃべるのは僕にとって呼吸です（笑）。よって、エネルギーは消費されず充電されます」

康太の言葉に、私も含め、みんながかまうように相手をしていた。

実は、一彰から、康太を除くメンバーのラインの招待が来た。そこでは、康太についての情報が伝えられていた。康太と食事をした人からの情報として、手術や抗がん剤治療をしていないらしい、悪性ではなく良性腫瘍と言っていたという話。別の友だちからは、前にも康太から余命の話を聞いた人がいるという話。一彰は、もしかしたら、康太の話は本当ではないかもしれない、そうなったら、今回の集まりに来たくないという人もいるかもしれない。そういって謝っている。それに対して、誰も悪くない、謝る必要がない、みんなに会えるのが楽しみな気持ちは変わらない、とみんなが答えている。私も、

「いやあ、命にかかわらないかもしれないならよかった。なんにしても康太のSOSだと思うし、それにこんなに温かく接しているみんなに、なんてすてきな教え子をもったんだろうと感動してるよ。康太が私たちに会いたいと思っていることは間違いないのだから、楽しくやろうね」

誰も欠席を申し出なかった。そうして、五月三日を迎える。ひばりヶ丘駅近くのお店に、一三人が集まった。健治郎は山梨から車で駆けつけてくれた。アヤカと裕二は、みんなと会ったのは小学校卒業以来だと喜んでいた。

最初に康太が、余命宣告など自分の状況を報告してあいさつしたけれど、健治郎が、

「俺は葬儀社に勤めてるから、いざとなったら任しといて」

なんてことを言って話を終わらせ、楽しい宴会に切り替えていった。それからの二時間は、小学校、中学校の思い出話、近況、友だちの話など盛り上がり、楽しいことこの上ない。おとなになったこの教え子たちの、なんと温かく、優しく、機転が利くことか。参加した全員に感謝してもし切れない夜となった。いい教え子に恵まれて幸せ、そう感じる時はよくあるのだが、この時も心に温かいものがあふれた至福の時だった。

二次会はしない、女子はすぐ帰れるように、事前にラインで確認してあったので、お店を出たところで写真をとったら、私も笑顔で帰路に就いた。

それからは、康太とは連絡を取っていない。きっと元気でいる、そう思っている。

あとがき

新型コロナの感染拡大は、私の精神や生活にも少なからず影響を及ぼした。本を書き始めたこともその一つで、読み返してみると最初のころは気合が入った文章に感じるし、書くペースも速かったと思う。日常が戻るにつれ筆も滞りがちになり、ずいぶん時間がかかってしまった。

他にも、ミシンを買い替えてマスクや服を作ったり、家族で動画を見ながら体操したりした時期があった。身近な散歩コースもたくさん開発した。

確実に歴史に刻まれるコロナ禍の、その時代に何かを書き残したいということだったかもしれない。まあ、本を出したいという思いはずっと若い時、そう五〇年くらい前から願っていたことではあった。高校時代、将来は小説家になると一瞬思ったことがあった。小学生のころは、詩だの物語だのイラストだのを書き連ねた恥ずかしいノートが何冊かあった。

教師になってからは、学級通信と実践レポートとサークルや組合のニュースをもっぱら書いていたが、今は、何か残したいという気になった、というわけである。

思えば、死ぬ数年前だったか、ある日父親が「自伝を書く」と宣言したことがあった。突然、私たち子どもにも、覚えていることを書いてほしいと電話してきたので驚いた。夜中に思い至ったらしい。朝早くの電話だった。面食らっているうちに、数日して「やめた」と連絡が入った。「自分には文才がないことがわかった」という理由だった。父親に似ているということだったらいやだなあ。もうすぐ死ぬということだったらもっといやだなあ。

私にも文才はないかもしれないし、いつかは死ぬわけで、とりあえず書いたところは父を超えたということで、この、誰に読んでもらえるかわからない本を形にできたなら喜びたいと思う。

また、この本は、コロナ禍から振り返ってはいるけれど、一九九七年度という短い実践に沿って書いたので、また機会があったら、三八年のどこかの実践を綴ってみたいとも思う。

モデルになっている子どもたちが仮名で登場しているのだけれど、勝手に本にしたことは大目に見てほしいと今更ながらお願いしたい。

岸田　久恵（きしだ　ひさえ）

1955年東京に生まれる。都立武蔵高校、東京学芸大学卒業、東京都の小学校教員を38年務める。教職員組合の専従期間に子どもの貧困問題にとりくんだことをきっかけに、2011年２月から家族で学習支援を始め、その後「NPO法人猫の足あと」を設立した。現在、猫の足あとハウスの場で、小学生の居場所事業、中学生の学習支援、若者の住居支援をすすめている。他に、「西東京わいわいネット」代表、全国生活指導研究協議会全国委員を務め、生涯「地域生活指導教師」として生きたいと願っている。

きっしーの教室
～コロナ禍、1997年にワープする～

2024年５月21日　初版第１刷発行

著　　者　岸田久恵
発 行 者　中田典昭
発 行 所　東京図書出版
発行発売　株式会社 リフレ出版
〒112-0001　東京都文京区白山 5-4-1-2F
電話 (03)6772-7906　FAX 0120-41-8080
印　　刷　株式会社 ブレイン

© Hisae Kishida
ISBN978-4-86641-747-9 C0095
Printed in Japan 2024
本書のコピー、スキャン、デジタル化等の無断複製は著作権法上での例外を除き禁じられています。本書を代行業者等の第三者に依頼してスキャンやデジタル化することは、たとえ個人や家庭内での利用であっても著作権法上認められておりません。

落丁・乱丁はお取替えいたします。
ご意見、ご感想をお寄せ下さい。